Ecrire l'histoire de nos *Vents d'anges*…

Il était… plusieurs fois : par où commencer ?

En composant avec le rêve de chacun, nous avons tenté de vivre une réalité de rêve… qui ne le fut pas toujours ! Partir avec un mari marin qui souhaite faire le tour du monde, des enfants formidables – querelleurs et adolescents, aussi, et le mal de mer, tenace.

Voilà qui donne déjà de la couleur à la croisière ! Heureusement, j'ai trouvé ma place en ce périple atlantique : celle des *Vents d'anges.*

Avec un peu de mémoire, celle qui recompose, malgré tout, le vécu, avec un peu d'impudeur aussi, j'ai imaginé qu'un jour, un livre pourrait compter parmi les possibles et le réel, que je pouvais prendre du plaisir à partager notre aventure, mot à mot et pas à pas.

Un livre comme récit d'une expérience intériorisée, de partages au fil de l'eau, du vin des *elles*, des îles et des *ils*. « Voyager, c'est se secouer de l'intérieur à grand coups de dehors. » : ces mots, entendus un jour à la radio, m'ont retenue. Alors, à notre tour, nous avons, à la voile, lancé la boucle de l'Atlantique des accords des mets et des vins. Au fil de notre navigation, ce tour sera devenu notre manière d'aller à la rencontre des personnes et de soi, avec, à chaque escale, une aventure sensorielle et émotionnelle.

Il ne s'agit pas ici d'un guide nautique ou technique, d'une histoire « paradisiaque », « merveilleuse », ni d'un recueil de « recettes d'ici et d'ailleurs ». Que sont les *Vents d'anges* ? Un accomplissement, exaltant autant qu'une épreuve constamment défaite et refaite, telle la vague, ou mieux, telle la vie ! Le carnet de bord d'une aventurière qui s'ignore encore, une vision du voyage partie de ma perception, des accords entre mets et vins… alliés aux portraits d'ailleurs, volés au temps qui file, saisis par la dégustation des vins de notre voyage.

Marins d'eau douce, marins d'audace, amoureux du vin, bienvenue !

Dans les récits de voyage, je m'émerveille de découvrir que les auteurs trouvent toujours « l'instant » : ce moment où ils ont décidé de partir. Quant à moi, je cherche encore d'où et de quand est venue l'idée de... Je pense qu'elle était là, tout simplement : dans l'histoire de mon couple déjà, puisque mon mari, Olivier, est un capitaine né ... Un caractère exigeant, qui sait anticiper, faire face aux tempêtes, et qui évoque toujours les voyages au long cours... Et *Olivier* est l'anagramme parfait de *Voilier* !

Dire que je me suis laissée embarquer par amour est parfaitement juste... Beaucoup de femmes des « bateaux copains » partageront ce point de vue : « C'est beau, l'amour ! ». Mais certaines sont parfois elles-mêmes des navigatrices chevronnées. Je n'en ai toutefois connu qu'une seule, et qui s'appelle... Marine.

Je suis prête à naviguer aussi dans mon enfance, pour y déceler des envies de sortir des cadres établis. A cette époque, je n'ai pas vraiment été touchée par Jules Verne ou par Stevenson. Mon tout premier livre était *Jean qui rit et Jean qui pleure*, et je suis restée fidèle à ce titre ! J'ai toujours senti qu'un petit clown voulait accompagner l'enfant sage que j'étais : je veux dire que lentement, patiemment, jusqu'à présent, je ne cesse de dépasser mes peurs pour toucher, autant que faire se peut, le « lâcher prise ».

Mais si le voyage m'a donné la clé d'une certaine légèreté, je l'ai depuis perdue, et la quête continue, toujours. Je n'aime pas perdre, et je préfère vivre plusieurs vies en une. Je conçois aussi que le dépassement de soi ne soit pas la seule voie pour atteindre la sérénité et la vie multiple auxquelles j'aspire.

Bref « capitaine, mon capitaine ! », j'ai décidé d'entrer dans le rêve de mon mari, mais sans m'oublier. Mais d'où part-on, et « d'où parle-t-on », comme dirait le sociologue Pierre Bourdieu ? De l'envie d'*agir*. Agir : quel mot extraordinaire, qui donne des ailes ! Olivier avait créé son entreprise de services informatiques respectueux des enjeux écologiques. Il voulait se renouveler, vivre sa vision de l'aventure en voilier. Pour ma part, je voulais continuer, par étapes, à progresser. Je suis professeur d'Histoire-géographie, j'ai travaillé pour un théâtre, et désormais, je réalise un projet de vie et de voyage plus personnel.

Comme j'aime m'interroger sur le monde, j'aime aussi aller à sa rencontre. Et je souhaitais vivement partager cette rencontre avec mes enfants. Considérant qu'amplifier le concert des catastrophes ne fonctionne pas, nous nous sommes demandés : avons-nous assez d'audace pour vivre autrement que soumis à la société de consommation, à l'usage compulsif des écrans… ?

Agir, plutôt que critiquer ; décider de partir, de partir pour nous confronter à notre liberté.

La liberté a un prix, et la vente de l'entreprise d'Olivier nous permet d'investir dans un beau bateau, d'oser ainsi lâcher notre vie. J'aime à dire que nous construisons notre chance. Nous optons pour un catamaran Outremer 45 qui promet une belle vie de famille à bord. Ce voilier fait partie intégrante de l'aventure et de la connaissance de son équipage ! Nous avons avec lui un espace de vie confortable ; les enfants auront leur coque, nous, une sorte de suite parentale, et deux salles de bain, des cales, des soutes à voiles… Et notre jardin sera la terre ! Notre voilier promet de belles vitesses : des vibrations, et aussi la possibilité d'anticiper et de se positionner de manière dynamique face aux aléas climatiques.

Pour bien se projeter ? Choisir le nom du voilier. Nous nous sommes entendus sur un prénom à consonance internationale : nous faisions autre (*alter*) chose avec le vent, le vin, au monde … tout un ensemble de mots qui débute par un W en anglais : *wind, wine*, *world* ! Nous embarquerions donc sur *W-ALTER* !

Et puis, chemin faisant, quand tout est décidé, les choses s'enchaînent. Nous avons l'impression qu'un puzzle inéluctable se forme, que même les livres ou les films nous délivrent de petits encouragements… C'est à ce moment que nous avons lu la très inspirante somme *La mer et le vin* de Marc Lagrange, ou encore, *Les ignorants* d'Etienne Davodeau, ode aux initiations croisées : d'un côté l'auteur de bande dessinée, de l'autre, le vigneron en biodynamie… Pour nous, ce serait d'un côté le présent du vin, de l'autre le partage d'un présent du temps.

La lecture dont je garde peut être la trace la plus forte est un chapitre de *L'art du bonheur* de Christophe André : son idée est de regarder vingt-cinq tableaux comme autant de leçons pour apprendre à vivre heureux. Je suis restée une élève assidue de cette école ! Au travers de sa collection, un tableau de Caspar David Friedrich, un peintre romantique allemand, me touche : un couple de dos (nous, peut-être ?) sur un voilier nous propose que « L'amour ne se joue pas dans la fusion (…) mais dans l'action et la construction commune. Naviguer ensemble. » J'y vois un signe ! Et ceci nous aide à penser autrement.

Le bonheur n'est pas une fin, mais un moment, ou si l'on y arrive, un état. Alors, nous le travaillons, l'essayons, devant l'horizon, devant les écueils... Peu à peu, le dessein rejoint le dessin, et il est temps de donner du sens à l'ébauche, d'écrire plus nettement l'intention des *Vents d'anges* : au fil de l'eau, du vin ! En arrivant par la mer avec quelques bonnes bouteilles, je me suis dit que mon vœu serait de rencontrer des personnes, juste là où elles sont, avec leur joie, leurs amours, leurs emmerdes – mais pas trop ! Et alors, de se réunir autour de leur repas préféré, choisi et concocté ensemble, et provoquer ainsi un vrai moment de partage. Avec nos grands vins français embarqués, tout devient possible ! Forte de ce charmant discours et de conviction, j'ai contacté les vignerons dont nous connaissions et apprécions les vins.

Beaucoup de nos interlocuteurs n'ont pas du tout adhéré à notre projet : pour eux, soit nous étions totalement fous d'oser tout lâcher, soit nous étions totalement irresponsables d'emmener nos enfants dans une telle aventure, soit nous ne pensions pas à la retraite, à la mutuelle, à la scolarité, ou nous étions dingues de croire que vin et voyage pouvaient se combiner. De quoi aiguiser nos réflexions ! Mais pour moi, le plus grand appel, ou le plus grand espoir, demeurait l'humain, riche du désir que chacun, que chacune, partage ses talents avec notre équipage.

Au-delà des grains de raisins sublimés, nous espérions alors que des sensations originales, des grains de sable ou de folie nous donneraient à tous un certain goût de la vie.

Etonnant vin, qui attise passions et surprise ! Une cave au fil de l'eau, quel délire ! Ou bien : un acte de foi dans l'avenir.

Nos partenaires vignerons y ont cru et ont contribué à la constitution d'une cave embarquée, la plus représentative possible de la diversité du terroir français. Notre cave magique sera constituée de trente cuvées différentes, don de vignerons confiants et novateurs qui ont cru qu'avec l'un de leurs vins, on pouvait créer du lien !

Une cuvée de chaque domaine fera évidemment un tour complet afin de goûter l'évolution des vins en mer. En effet, nous parvenons à nous rapprocher du laboratoire œnologique Dubernet, et nous engageons ainsi à mener sérieusement des analyses scientifiques, sans pour autant nous prendre « au sérieux », mais bien plutôt « au curieux » : le laboratoire s'est allié à nous pour observer les effets du voyage sur le vin, en comparant l'évolution – organoleptique et chimique – d'une bouteille du même vin laissée à terre avec celle qui aura voyagé sur *W-ALTER*. Nous en reparlerons !

Aux escales, une bouteille sera choisie afin d'élaborer un mariage avec la cuisine locale, grâce à nos hôtes et hôtesses. Boire ce vin, à condition de le consommer modérément, de le goûter avec l'esprit autant qu'avec le palais, invite à partager un nouvel accord « mets d'ailleurs et vin d'ici », à exercer sa liberté… sans trop d'excès !

LA MADRAGUE
2013
domaine
L'HEURE
BLEUE
Côtes de
Provence
2009
DOMAINE DE
LA MADRAGUE
2013
SAINT-BRIS
DOMAINE ALAIN
2009
SAINT-EMILION
Pinot Gris
2013
LEVITATION
2012
BARSAC-2011

C'est une petite célébration du moment présent, aussi ! Non pas boire pour oublier, mais déguster pour se souvenir.

Nous avons même la grande joie d'être parrainés par Philippe Faure-Brac, meilleur sommelier du monde en 1992... Amoureux des accords, comme le montre sa dédicace dans notre exemplaire de son livre *Vins et mets du monde, saveurs complices* : «... emmener vos vins non seulement sur les mers du monde mais aussi dans le cœur des gens ! »

In vino veritas, civilitas... y mas !

Un échantillon de chaque flacon confié a été prélevé pour un étalonnage dans son *Bistrot du Sommelier* à l'été 2014, juste avant le départ. Mettre en *image*, en goûts, en parfums, notre projet, lui donne de la *magie* – anagramme oblige, là aussi ! Mais on voit poindre à nouveau mon petit clown... qui s'emballe : mettre son nez rouge ou pas, partager du vin – du câlin dans un verre –, s'étonner et s'émerveiller de tout, savoir que tout est sérieux mais que rien n'est grave, désapprendre, et sourire à la vie, aux autres, à la terre, à la mer !

A tout dire, je suis bien plus amatrice de spectacle vivant que de voile... mais les rapprochements existent ! Le théâtre et la voile se sont bel et bien accoquinés dès les Temps modernes, notamment à travers un jargon truffé d'expressions croustillantes. Sur les planches ou sur *W-ALTER*, on ne doit pas dire *cordes*, mais « bout », « fil », « guinde », ou « drisse », selon le cas. De fait, les machinistes du théâtre étaient souvent recrutés parmi les éclopés des mers.

Sur scène, ils actionnaient les rideaux comme des voiles. Plonger, jouer, se griser, offrir, sont l'enjeu du partage de nos *Vents d'anges*. Si on écoute, on peut d'ailleurs entendre « en jeu, en je » !

J'ai donc écrit et joué un seul en scène, *Sandrine largue les amarres,* quatre fois devant environ quatre cents personnes, et j'en éprouve une allégresse inoubliable.

Ce n'est pas un projet farfelu ou insensé, quand on largue les amarres, même sous les feux de la rampe… On gamberge aussi, en se disant que tout peut arriver au milieu de l'eau : avant de partir, nous choisirons de suivre un stage de médecine en milieu isolé. Et constituons laborieusement une pharmacie de bord.

Vient le moment où il faut fermer la porte et lâcher la branche… C'est l'un des grands instants du voyage. Précisément là, je sais que nous avions tous peur, et qu'il fallait agir : monter en voiture, traverser la France, grimper dans le bateau. Plutôt que de penser, encore et encore, sincèrement : agir. Avec un optimisme communicatif, mâtiné d'une bonne dose d'autodérision à tout jamais…

On en revient à l'essentiel : la vie est trop courte pour être petite, dépendre des autres, ne pas oser s'extraire de ses traces, de son quotidien, du prêt à porter et à penser de la société.

Je n'ai pas envie, ou plutôt, pas la prétention et les possibilités de sauver le monde, mais celle d'en voir une partie, plutôt sereine, positive, différente… Certainement y voir non ce qu'il y a de singulier ou de crispé, mais ce qui fait l'universel, le lien. Pour tout dire aussi, je pars avec les êtres les plus proches, et j'écris une parenthèse chanceuse de mon existence : ne plus être dans le travail, les devoirs, le système scolaire, les transports rapides, les chicanes familiales, les frustrations de soi, et celles des autres ! Je plonge enfin ! Symboliquement, je prends tout ce qui m'a coûté dans le passé, les trébuchements, les blessures ; je les écrabouille, et je laisse couler.

C'est fini. Je ne voyage pas dans le futur ; rien n'est écrit à l'avance.

Dès les premiers jours, je saurai que, sur W-ALTER, l'un de mes penchants sera d'avoir souvent une chansonnette en tête, une chansonnette qui en dira toujours long sur ce que je vis.

En partance

Traverser la France un 31 juillet est une peccadille ! Au départ, Lille, à l'arrivée... La Grande Motte... Et la tension est pour nous assez forte : toute cette attente, cette envie de voir, de sentir, d'apprivoiser notre *boat, sweet boat* !

A notre arrivée au chantier Outremer, l'équipe fête les vacances. Cette fête serait-elle un bon présage ? On se réconforte de notre long trajet avec une mouclade accompagnée d'un sympathique rosé : les sourires des travailleurs, le soleil du soir, les moules savamment préparées avec du thym et une pichenette d'huile d'olive… une mise en bouche inattendue. Et notre salon sur l'eau n'attend plus que nous !

Premier août, premier réveil chez *W-ALTER*. Me vient en tête la chanson *Un mosquito* de Vanessa Paradis. Dès les premiers jours, je saurai que, sur *W-ALTER*, l'un de mes penchants sera d'avoir souvent une chansonnette en tête, une chansonnette qui en dira toujours long sur ce que je vis. Répertoire « ringard » ou « variété », mais qui s'impose à moi !

Sur les quais de la Grande Motte, cette idée qu'il faut me montrer attentive aux plus infimes détails me pique déjà… Et si vous pensez que tout ce qui est petit est insignifiant, imaginez un moustique une nuit dans une cabine !

Enfin, après une ardente journée de chargements et une nuit dans nos cabines respectives, nous découvrons notre nouveau « chez nous ». On prépare le premier départ pour le *neuvage* du bateau – ses premiers essais… Un « petit » oubli de matériel, d'avitaillement ou de prévision peut vraiment changer le cours des choses.

Et nos enfants, Henri et Inès, s'exclament déjà *Oh my God!* sur nos piqûres de moustiques…

Un mosquito
C'est un moustique qui galère
Un mosquito
Pique et pique et pique dans ta chair
Un mosquito
C'est un méchant hélicoptère
Un mosquito
ça vit du sang chaud des baigneurs… un mosquito

L'envie de s'essayer nous pique aussi ! D'où le *neuvage* : la « première » du bateau, durant laquelle l'équipage essaie de régler ses paramètres essentiels. Pour nous, le *neuvage* se fera vers la Corse : et déjà un sacré pari, car nous n'avons jamais navigué en Méditerranée – nos précédentes pérégrinations se faisaient soit en Mer du Nord, soit en Bretagne… Nous découvrons donc les secousses et le *B.M.S.* (*Bulletin Météo Spécial*) de la Grande Bleue.
Je suis un peu nouée. Faire des nœuds, j'ai l'impression que c'est ce que mon cerveau sait faire de mieux, faute de réussir, côté mains, les nœuds marins à chaque coup…

… Laver votre amour à la machine,
faites-le bouillir pour voir si les couleurs d'origine peuvent revenir
… est-ce qu'on peut ravoir à l'eau DE MER les sentiments,
la couleur qu'on croyait éternelle avant…

Petits condensés de vie, Alain Souchon.
Condensé sentimental sans foule sentimentale, Méditerranée machine à laver, tambour battant, vagues de houle croisées, agitatrice d'estomac, nœuds, swing dans ma caboche et dans mes entrailles…
Si s'enchaînent en ce périple les nœuds de chaise ou de huit dans mon ventre, je laisserai couler, j'assumerai mes engagements. Pour

le moment, je crois pouvoir *m'amariner*, me faire à la mer et à la vie à bord.

Pour notre *neuvage*, nous avons eu la chance de rester coincés une semaine, retenus par un vent de folie, à Girolata, sur l'Île de Beauté. Un temps pour se perdre lors d'une balade dans le maquis. Le littoral corse aura déjà stimulé notre imaginaire, comme les nuages qui l'embrassent… Et je resterai toujours avide de comprendre les traces, signes et symboles laissés par les hommes, croyances, marques d'adaptation. Ici : tours génoises, éoliennes installées à pic, citadelle à Calvi, cathédrale de Saint-Florent. Histoires, territoires, que l'homme s'est inventés.

Quant à moi, à nous, à nous tous ? Je devrai aussi désapprendre, faire de grands pas vers la nature. Mais déjà, je surfe sur des vagues immenses, j'écoute le vent, regarde chaque arbre, cherche les étoiles, repère les roches, arpente le maquis. Variations des bleus marins selon les heures et les humeurs : ciel, émeraude, turquoise, roi, encre, marine ou noir.

Sens dessus-dessous

Le sens : une grande question de la vie, de notre existence, de nos actions. Pour éviter de s'y perdre, je propose de revenir à l'humain, de revenir à celui qui a des racines communes avec « humus » et « humilité ». Les sens : comment vit-on ses sens en voilier ou en cuisine ? Le parallèle est hardi, mais pour moi, probant. Toute expérience passe par nos sens ; ainsi, on peut apprécier pleinement l'instant… au lieu de ruminer sur le passé ou de se projeter sur l'avenir – et je sais de quoi je parle !

La cuisine et le voilier convoquent, à leur façon ou à la nôtre, nos cinq sens.

Sur un voilier, notre *vision* est élargie : on scrute l'horizon, le ciel, les teintes de la mer ou l'allure des voiles. Sur une table de cuisine, notre large vision provient du marché, des étals, du choix des ingrédients pour concocter une recette… et y mettre notre grain de sel.*Toucher* et transformer la nourriture donnent la légère illusion de maîtriser l'art culinaire, alors qu'en voilier l'excitation et « l'a-maîtrise » proviennent du plongeon de chaque escale, de l'étonnante envie d'immersion, et de sa sensation de fraîcheur !

L'ouïe est un sens timide en cuisine même si, dans la poêle ou sur le grill, certains crépitements ne mentent pas. En voilier, au contraire, l'univers sonore est démultiplié : le vent, la pluie, le bruit de l'étrave, la coque contre les vagues, la faune, tous les sons sont permis… Et le silence de la mer est ailleurs, au-dessous et plus loin encore. *L'odorat* intègre la cuisine par les parfums, les épices, la fraîcheur ! En respirant à fond les embruns, on purifie ses pensées ! La bouffée d'iode a des vertus vivifiantes… Et une fois revenus à terre, nos narines palpitent davantage : chaque odeur semble nouvelle, forte : herbe, carburant, fleurs, fruits, légumes…

In fine, qu'en est-il du *goût* ? En cuisine, soit on savoure, soit on peut être parcouru par… un frisson de dégoût. En voilier, notre bouche, comme notre corps tout entier, se tapisse du sel de la vie ... voire de la mer. Cela change la gourmandise ! Mais chaque repas est attendu comme un festin, car la mer ouvre l'appétit : le pain perdu, la soupe de poisson, la salade composée, tout devient régal ! Le mot de la fin ? Faire de ses cinq sens un régal de chaque jour et trinquer ensemble pour partager ces sensations. En cuisine, aux escales, en catamaran sur l'océan, nous choisissons pour un temps ces… *essentiels*.

00A
01

Du côté de la fiancée du fromage

Le quatre octobre 2014, nous levons les voiles !

Et voguerons d'abord vers les Baléares, presque en *cabotant* – en naviguant le long des côtes. … Avec cette idée, faussement rassurante, que la proximité de la terre ferme est plus sûre, alors qu'en réalité, cette proximité est source de risques.

D'habitude nous sommes à la même époque dans les fournitures scolaires, l'inscription au club de gym, la grande braderie de Lille, les *relookings* de dressing, ma boîte mail dégorge d'offres commerciales : mais cette année, je suis partie !

Nous espérons éviter la grisaille automnale, les portraits d'enseignants, les fiches de toutes les couleurs. Nous voulons prendre un autre rythme. J'y vois aussi l'acceptation d'une remise en cause, pour continuer à apprendre, à grandir. Nous espérons que l'école de la vie nous réservera de grandes surprises, en mer, en famille et à terre. Inscription *in extremis* avec le C.N.E.D… Epatés du niveau, tout le monde s'accroche !

C'est vraiment le moment. Enfin le capitaine va tracer son itinéraire, découvrir toutes les facettes de son bateau, et motiver au mieux son équipage, encore peu aguerri, en choisissant d'un commun accord les points de chute ! Première destination : les Baléares, et premier « snif » pour les ados : l'acte de partir leur paraît énorme, ils craquent un peu, expriment des peurs. Ils passent un cap : lâcher… mais ne pas perdre leurs grands-parents, leurs amis, leurs passions, leur territoire aussi, la danse classique, les *skate parks*, les facilités du quotidien…

Pour moi, c'est un soulagement, après tous ces préparatifs, ce temps, cette énergie… Boule au ventre, petits tremblements, embrassades. Pour toute la famille, c'est un temps fort de nos vies. Nous nous sentons ensemble… mais serons-nous assez forts ensemble ? De petites décisions commencent à faire le reste : envisager *W-ALTER* comme notre maison, regarder profondément les paysages, être curieux aux escales, rire de nous et entre nous, et ne pas oublier de nous réjouir de nos progrès.

De la Grande Motte, nous gagnerons Collioure pour saisir la beauté des lieux, et essayer toutes les voiles. Nous passerons d'abord par Sète, chatoyante et désuète à la fois, profiterons d'un coucher de soleil sur l'étang de Thau et ses parcs à huîtres délicieuses. Ancrage au port de Collioure. Fabrique d'anchois, château-forteresse, et la perle du site : le clocher-phare de l'église fortifiée…

Autour des Baléares, nous deviendrons peu à peu voyageurs. Nous comparons Minorque à nos références, et notons des nuances. Tout de même : *Somos muy desorientados*…

Quand un poète évoque cette île au cœur de la Méditerranée, il écrit : «*Menorca es la nina de los ojos del mar*» – « Minorque est la petite fille des yeux de la mer. » Sans pour autant dire à sa voisine, la « grande » Majorque « T'as de beaux yeux tu sais » !

Minorque dont la capitale, Mahon, donne accès à tout en moins de dix minutes : l'aéroport, le théâtre, la ferme de fromages, le bar à tapas, le port ! Minorque, une réserve naturelle de la biosphère depuis 1993. Nous voyons quelques *galinas de agua* au-dessus des posidonies !

Sur terre, entamer son tour du monde en minorquin, cela signifie aller à l'autre bout de l'île … Aller du sable blanc du sud au sable rouge du nord, oser quitter Mahon pour Ciutadella, cités rivales que seuls quarante-cinq kilomètres séparent.

J'entends Jean-Louis Aubert,

… Voyager en soi-même
Comme sur un océan
Embrasser les tempêtes
Et les soleils levants
Rencontrer dans les plaines
D'anciens rêves d'enfants
Et toujours espérer retrouver
Ses frères et ses sœurs de l'autre côté …

Baléares, pépites architecturales composites : portes antiques, influence moderniste, galeries chic, grandes églises de pierre. Même les plus jeunes, qui ont cours jusqu'à quatorze heures, jouent entre attachement et ouverture. Très peu veulent bien quitter leur île… pour l'Université, ils doivent franchir la mer ! Certes, nous sommes toujours en Europe : les boutiques, la monnaie, les familles, les marchés, tous sont très proches de ce qu'on connaît … Qui plus

Baléares, et déjà Elisa... une rencontre incroyable et savoureuse, coup d'essai pour coup de maître ! « La fiancée du fromage » sont ses mots français préférés !

est, les minorquins font du vin et du fromage : ce n'est pas encore un voyage en terre inconnue.

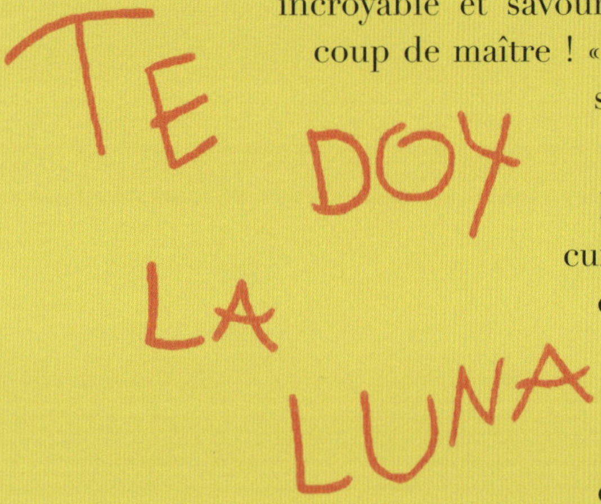

Baléares, et déjà Elisa… une rencontre incroyable et savoureuse, coup d'essai pour coup de maître ! « La fiancée du fromage » sont ses mots français préférés !

Elisa adore s'exprimer en cuisine, lieu où elle affirme que son perfectionnisme laisse place à sa créativité. Et elle accepte volontiers de mener l'expérience avec nous, en nous invitant dans son appartement. Coup de torchon : sa cuisine est aussi soignée qu'un laboratoire. Elle a minutieusement préparé le plan de travail et les ingrédients de ses recettes.

Coup d'essai : Elisa choisit de nous préparer les plats de la tradition minorquine, simples et goûteux, issus d'une agriculture en relative autarcie, où fromages variés et légumes tiennent la place dominante. En entrée, ses aubergines gratinées seront ainsi accompagnés d'une déclinaison de fromages insulaires – de vache et de chèvre.

Coup double : elle est comme moi maman de jumeaux de treize ans, Ariadna et Roger.

Coup de chance : Elisa est enjouée et souriante... autant que troublée d'être notre toute *first lady* ! Très heureuse, aussi, de s'amuser avec la langue française, apprise lors d'une année d'études à Bruxelles... il y a plus de vingt ans. Elisa, gourmande de la vie.

Coup de projecteur : elle concocte la base de plats minorquins multiples dont ses aubergines, et le fameux *sofrito* : une réduction de tomates, oignons, poivrons, ail et persil. Réduction qui intègre aussi le plat principal qu'elle a préparé à l'avance : du bœuf aux petits pois.

Coup de pouce : Matéu, son époux, d'abord dubitatif, se laisse entraîner dans cette aventure culinaire surprenante... par attrait pour le vin français ! Ce sésame est notre point fort, et Matéu se montre très affable – mais en anglais. Lui aussi est attaché à son île, et comblé de saisir un bout d'itinérance en profitant de la rapide visite guidée de notre *W-ALTER*.

Coup de bambou : en revanche, Elisa nous confie qu'elle ne boit jamais d'alcool. Pourtant et exceptionnellement, elle sera si impliquée qu'elle osera la dégustation. Et sera surprise et séduite par nos cadeaux : un vin blanc avec l'entrée, un vin rouge avec le plat.

Coup d'éclat : Elisa, magnifique brune bouclée aux yeux pétillants, nous a ouvert sa maison, son cœur, et sa famille à travers un repas typique. Elle a même eu l'idée de la devinette finale en nous proposant de deviner l'ingrédient mystère de son gâteau – ingrédient qu'Henri découvrira : la pomme de terre !

Ici on a mangé des fromages en entrée et des pommes de terre au dessert, on a dégusté des vins les mieux choisis possible, on a partagé en Européens du français au catalan en passant par l'italien ou l'anglais ! Une soirée exceptionnelle qui nous prouve déjà qu'il est possible de vivre en *Vents d'Anges* !Tout ce que nous avons suggéré lui a plu : quelle générosité ! Autant l'accord entre les mets et les vins avec plusieurs plats que le message pour les bouteilles à la mer. Inoubliable.

Mahon… nom encore méconnu de l'équipage, capitale de Minorque. Là où nous nous sommes lancés, grâce à l'accueil d'Elisa. Si heureux de concrétiser notre premier rendez-vous, nous apportons avec nous deux flacons ! Le premier est un vin de Loire atypique, du domaine Musset-Roullier, avec un côté miellé et une fraîcheur « verte », poussé par le vent, dénommé *Moulin*. Le second, porté lui aussi par les vents, s'appelle *Lévitation*. C'est un Mercurey rouge, très expressif. Derrière une couleur pâle, une explosion de fruits rouges, de fruits des bois. Un vin gourmand et très équilibré. On cherche bien une envolée de plaisirs !

Un tout premier exercice qui est loin d'être évident, au regard de la diversité des plats ! Nous optons pour un vin blanc avec les fromages : rondeur et fraîcheur alliées à la variété des goûts. Les pâtes dures au lait de vache, plus ou moins âgées, trouvent du répondant avec le caractère particulier du vin blanc. Le côté plus floral, la fraîcheur, se sont également mariés avec le plat typique des aubergines farcies.

Aussi joyeuse et enthousiaste que nous, Elisa a préparé deux plats minorquins – bœuf aux petits pois et boulettes de viande aux amandes. Pour l'immense plaisir de son mari, nous débouchons *Lévitation*. C'est un vin remarquable, et remarqué. Toutefois l'accord restera timoré car les plats n'ont pas suffisamment dialogué avec son joli fruité. Nous expérimentons la difficulté des accords *a priori* : nous avions songé « épice », à tort. Nous sommes néanmoins très heureux de nous délecter ensemble du breuvage divin !

Nos petites imperfections devraient nous faire progresser, toujours.

Pour chaque accord, nous décidons d'une mise en images. Ce soir-là, elle se fera dans un accueillant appartement de la capitale. Nous avons l'impression de nous être allongés dans l'herbe fraîche puis de nous être promenés un soir d'été sur un chemin longé de baies rouges. Les pieds sur terre, le nez au vent, la mer devant !

M le mot dit, le mal de mer

La mer est belle ou déchiquetée, le temps vécu s'y étire…

M'amariner, m'amouracher ?…

J'ai lu qu'avec le mal de mer, on a d'abord envie de mourir. Puis qu'on finit par se dire que le pire, c'est qu'on ne va pas mourir. Alors comment mettre un terme à l'agonie, aux nausées, aux migraines ? J'ai exploré de nombreuses astuces prodigieuses, et néanmoins faillibles, pour venir à bout de mon antipathique naupathie.

J'ai commencé par la visualisation : « La souffrance cesse d'être souffrance sitôt que l'on s'en forme une représentation nette et précise » disait Spinoza dans son *Ethique* – mais était-il un grand marin ? Cela m'étonnerait ! Néanmoins, je décide de décrire sans relâche ce que l'on ressent sans voir : la forme, l'aspect, la couleur, la taille, le poids, l'odeur du mal de mer.

Une fois cette modélisation accomplie, je me ferai une joie sauvage d'extraire le mal du corps pour le dissoudre : *warrior, game over !* Vaillant mousse, je vois une sorte de goutte de peinture à l'huile, une goutte qui s'étale peu à peu depuis le plexus jusqu'à s'immiscer dans tout le corps, avec un passage sérieux et appuyé dans l'estomac. Goutte bleu roi au départ, qui vire au marronnasse et au… caca d'oie. Comme une réaction chimique en milieu hostile, le bleu intense perd charme et éclat, devient couleur de poisse, de vomi. Les verdâtres, les odeurs nauséabondes, s'emparent de la partie, atteignent les extrémités des membres en coulures jaunâtres putrides. Ni lourd, ni léger, gluant, infiltré, immiscé, le pinceau et la main de l'artiste ne sont plus maîtres, la tâche est autonome, *alien* !

Ça monte au cerveau, ça donne la nausée, la nausée incarnée ! *S'amariner*, mon œil ! Je veux expulser de mon corps qui parle ce concentré polymorphe, desséché, craquelé … Mais, estomac dans les talons, je ne terrasserai pas le dragon.

Nous ne sommes pas égaux devant ces maux… et c'est somatique : une question d'équilibre. L'équilibre : une des quêtes de nos vies… quoique le déséquilibre, les failles, les chutes, c'est très formateur ! Le mal de mer : un trou noir dans les sensations : d'un côté, nos yeux indiquent que le bateau ne bouge presque pas, de l'autre, notre oreille interne nous dit tout le contraire. Et le corps s'y perd.

Recommandations souvent prodiguées : se préserver des « 5 F » – le froid, la faim, la fatigue, la frousse, la foif… Et ensuite - mais impossible pour moi en tout cas : tenir la barre, regarder l'horizon, et rester actif. Enfin, voici la meilleure d'entre toutes : ne pas se mettre en situation critique, *warning too late* ! Comme souvent, je pense que ce peut être également psychologique, je tente donc de jouer au culbuto avec mon corps… Je me laisse bien aller, dès le début du périple : je prends soin de mon seau libératoire… jaillissement de l'instant présent, certes, mais je suis un peu anéantie, à la renverse, et surtout pas contre le vent.

Clown toujours, je chausse des lunettes atypiques. Dans la *monture*, un liquide bleu reste en permanence à l'horizontal. Ainsi le roulis et le tangage sont tous les deux intégrés. Mais mon corps se rebiffe encore.

Ouverte aux innovations multiples, j'ai aussi eu la chance de recevoir des vêtements techniques exceptionnels, des vêtements « intelligents »… peut-être un peu plus que moi : leur tissu réfléchit les rayonnements infrarouges émis par le corps ou la lumière naturelle vers l'organisme. Cela facilite la récupération à l'effort et le confort dans mon inconfort. Les seyantes tenues, option « j'ai gagné le concours de T-shirt mouillé », fonctionnent sur moi mais en situation assez calme, ce qui peut varier sur l'océan.

Je recours donc à tous les remèdes. Les naturels sont encore efficaces sur les courtes navigations : absorber le gingembre sous toutes ses formes, sucer une noix de muscade, sentir la menthe poivrée. Evidemment, j'ai aussi pris des médicaments. Ils engendrent souvent la somnolence ; donc je décide aussi de ne plus me sentir coupable d'être réduite à rien, totalement vulnérable et fragile, incapable d'aider aux manœuvres.

En lieu et place d'*amarinage*, mon adaptation se traduit par des abattements de plus en plus rapides. En levant l'ancre, je peux agir pendant un temps limité et d'un seul coup. Sans médicament cette fois, je dois impérativement dormir très profondément, me réveiller bien plus tard avec une tête sens dessus dessous, à la Picasso ! Il est chouette mon corps, il m'isole et me protège dans le sommeil. Je lâche le cerveau, je me laisse « transporter » : c'est le rôle que j'ai justement dévolu à *W-ALTER*.

Impalpable sensation, ce mal de mer, similaire à un spectacle de danse contemporaine : on ne comprend rien, on est dérangé, mais on ressent les pulsations de l'énergie.

Etonnamment, et puisqu'on n'est jamais à une surprise près en voyage, mon meilleur souvenir dans ce combat reste celui des transats ! Ici je remercie immensément Agathe, du bateau *Tuvau*, que je croise pour la première fois aux Canaries. Je sillonnais les pontons, légèrement désespérée, à la recherche de patchs anti-mal de mer – que j'avais jugé inutiles à notre voyage. Nous sommes voisins pour la première fois, et Agathe m'offre ces *stickers* magiques. Il suffit de placer les patchs sous l'oreille : ils annihilent les capteurs de l'oreille interne... avec un risque de confusion visuelle. On n'y voit plus rien, et c'est extra ! Tous sur le même bateau, tous à s'adapter à cette nouvelle piste de danse. Tous les membres de la famille modifient leur quotidien, avec couacs et moments de grâce sous les cieux céruléens... Sinon ce serait trop *mytho* comme disent Henri et Ines qui ont aussi un point de vue. Une autre version : déculpabiliser « le mal de mère » !

Inès : elle ne supporte pas les trop longues traversées car comme je m'ennuie, je m'avance sur les devoirs du C.N.E.D. et ça me semble bizarre et puis ça peut être long quand même » ! Elle est exaspérée de devoir goûter à plein de poissons car elle n'aime que le filet sans arête... qui se fait rare lors des pêches en mer. Elle se fait des films dignes des *Dents de la mer* dans les eaux de baignade trop obscures... trop proches des salles obscures, justement ! En revanche, elle cite trois moments de surprise qui la rendent joyeuse : ces instants rares et précieux lors desquels *W-ALTER* était escorté par plusieurs dauphins et que ces derniers jouaient et dansaient avec nous. Elle est toujours ravie de pouvoir se baigner presque chaque jour – sauf quand elle re-commence ses films). Elle est aussi très impliquée et enthousiaste dans nos rencontres de femmes autour du monde : elle aime les comprendre, imiter leurs recettes, et leur laisser un bon souvenir sous la forme d'un photophore, inédit à chaque rencontre.

Henri : il entretient une vraie nostalgie de ne pas être avec ses bons copains et compte sur eux pour rester des potes, même si nous pâtissons de défaut de connexion... vivement un *skype* ! Lui aussi est sensible à la naupathie, et commence à dompter la bête. Sa famille lui manque. Il se sent beaucoup plus efficace scolairement, avance de manière plutôt autonome, à grands pas dans chaque matière. Il n'a pas délaissé la passion de la trottinette et est content d'avoir déniché le *skate park* de Mahon à Minorque, premier d'une longue liste internationale ! Il se réjouit de pouvoir se faire un petit programme ciné personnel, et de regarder des longs métrages durant les navigations.

Henri a vu une immense vague d'étrave arriver et a permis d'anticiper au mieux pour maintenir une stabilité relative du voilier, tandis qu'Inès est la plus volontaire pour les quarts de nuit ! Tous dans le même bateau…

La plus française des Majorquines

Heureusement, la substance de ce grand voyage se déniche, pour moi, aux escales.

Exquise escale à Palma de Majorque...

Evelyne est-elle la plus française des Majorquines ou la plus majorquine des Françaises ? Et comment tout cela a-t-il commencé ? Nous flânions dans Palma, où le grandiose de la cathédrale de *Seu* touche l'enchevêtrement inextricable du quartier médiéval de la ville... Par la grâce du hasard, nous déjeunons à *Las olas*, les vagues, qui nous invitent... à des vagues de sensations grâce à la *cocina* d' « Evelyne » ! Non seulement le *bistro* - en français dans le texte - tient sa promesse, mais aussi, la tentation est trop grande pour nous, de demander à féliciter la mystérieuse – et certainement française « Evelyne » - ; ni une, ni deux, nous conversons avec celle qui nous a régalés et qui est, à elle seule, une invitation aux voyages. Ou : « une gentille pirate », selon ses propres mots : avenante, lumineuse, frêle et solide à la fois, française d'origine asiatique. La chance s'invite sur notre périple : Evelyne nous donne rendez-vous le lendemain, imaginant déjà un plat *séfardi*.

Quel est le secret de cette spontanéité, de cette chaleur humaine ? Evelyne et son mari ont été membres d'équipage de voiliers – plutôt luxueux – pendant plus de trente ans ! Venant de la mer et de France, avec de sacrés millésimes, nous stimulons la « nouvelle vague ». Evelyne se présente en autodidacte de la cuisine... avec un sens pratique signé, propre à la cambuse. Ce sens avec lequel elle aura parcouru les océans du globe et connu tellement d'escales culinaires que sa cuisine s'en est imprégnée : un condensé de diversité et de vie. Retours aux goûts, aux terroirs, et à une générosité instinctive. Sise à l'orée de l'ancien quartier juif de Palma, elle a décidé de faire un pas vers la tradition locale en mettant aussi un plat *séfardi* sur la carte du jour. Nous vivons pas à pas la création d'une *morue au gaspacho d'amandes, version Evelyne* : le poisson confit est sublimé par une rosace de fruits et légumes – oranges, pommes de terre Vitelotte, asperges, carottes, grenade.

Cette passion de la cuisine et du partage lui vient de l'enfance, du Cambodge, où son livre d'histoire du soir était une sorte de livre des merveilles de Marco Polo quand elle nous le décrit : le *Larousse* illustré de la gastronomie française dans une reliure de cuir rouge... Tout le tactile et la rêverie sont encore là, totalement présents. Evelyne parle aussi tendrement de sa *nanny*, sa nounou, qui lui préparait des frites succulentes, dans des boîtes en métal Nestlé !

A Palma de Majorca, Evelyne privatisera son restaurant avant le service du soir pour nous emmener sur sa vague, *las olas*. Sa composition s'inspire des fruits de la mer : morue salée dessalée, pochée dans l'huile, sauce *gaspacho* originale : aux amandes crues, froide et relevée, aillée et vinaigrée ! Avec une salade de légumes cuits et de l'orange, tout en couleurs. Pour l'essentiel : poisson et crème, et un caractère relevé qui ne doit pas faire peur à un vin bien structuré.

Nous arrivons nous avec notre pierre précieuse : *Gemme Océane* du domaine Landrat-Guyollot, un Pouilly fumé de Loire, de cépage sauvignon blanc. Il présente une très belle couleur aux reflets or vert, un nez de fleurs blanches, une bouche d'agrumes et d'air salin. L'équilibre et la longueur, dignes de sa région ligérienne, se révèlent totalement dans

l'accord. Un beau mariage « classique » avec le poisson en sauce bien cuisiné. Le raffinement de l'accord se prolonge entre les agrumes du plat et les arômes de pamplemousse et de clémentine du vin. Si cette complicité se fait tout en finesse, la structure du vin permet aussi au couple de durer et de faire face à la partie plus relevée du plat, à l'ail notamment.

Les Baléares ne sont pas si loin, et nous recommandons une escapade pour partager *las olas*… et une vague de Félix Leclerc :

La mer n'a pas sitôt posé une vague sur le rivage qu'elle court en chercher une autre.

S'offrir ainsi une gemme de vin, c'est s'offrir un cadeau précieux qui dure. Et la brise marine vous laisse une saveur relevée et agréable sur les lèvres.

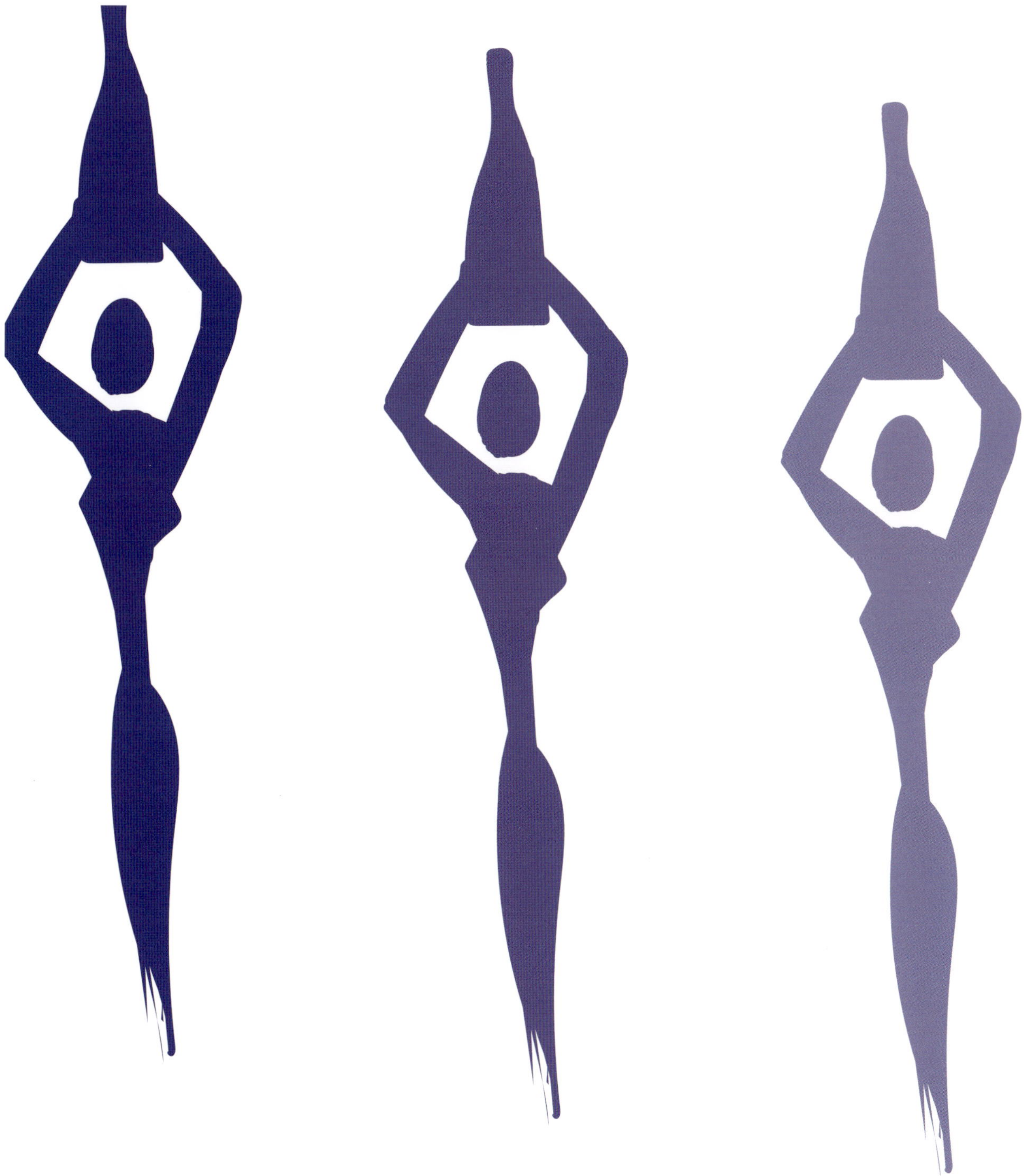

Drôles de dames et coups de vent

Troisième rencontre en forme de contre-pied, ou de pas de côté…

A peine débarqués à Carthagène, nous recherchons une baguette ! La boulangerie dénichée est très prisée – nous apprendrons vite qu'elle ajoute toujours un cadeau aux achats.

Dans la file, notre accent interpelle Natacha, rayonnante, francophone et allemande, professeure à l'Alliance Française. Dans un tourbillon, Natacha nous emmène déjà au bureau… Il aura suffi de raconter notre périple pour être invités entre Catherine Frot dans *Les saveurs du palais* et Rémy dans *Ratatouille*. Nous rencontrons ici aussi Anne, Audrey et Sandrine, pour convenir d'un accord entre mets français « vus d'ici » et vin. Un accord qui sera proposé le soir même à quelques étudiants en français.

En effet, nous sommes conviés à un apéritif dînatoire avec les élèves et intervenants de l'Alliance française. C'est la semaine de la gastronomie française, c'est festif, et nous éprouvons une jubilation quasi enfantine à partager un moment avec des élèves de tous âges qui pourront dire en français, s'il vous plaît, *C'est moi qui l'ai fait.*

C'est un peu différent de ce qu'on a planifié, mais cela ne se refuse justement pas : et n'est-ce pas aussi dans les richesses de notre culture française que l'on trouve la capacité de s'ouvrir aux autres ?

L'équipe est très accueillante, enjouée, heureuse de porter notre idiome auprès de cent-quatre vingt étudiants. Sandrine : grande brune pimpante, très motivée par cet échange culinaire, ponctue l'année d'apprentissage de moments conviviaux autour des saveurs (Beaujolais nouveau, goûter de Noël, galette des Rois…), déploie énergie et inventivité pour apprendre la ronde des fruits et légumes aux jeunes enfants ; Audrey : élégante et spontanée, voit là une opportunité de créer le dialogue avec les étudiants de tous les âges, et de compléter le questionnaire ardu qui a été distribué sur la gastronomie française. Enfin, Anne, directrice de l'Alliance depuis trente ans, apprécie ces coïncidences… et nous souhaite d'en faire de même à Carthagène… en Colombie.

Nous aurons donc quatre hôtesses lors de l'apéro étoffé du soir : les *tapas* « version France » sont à l'honneur, à la « bonne franquette » : quiche Lorraine, tarte au roquefort, intrusion inopinée d'une tortilla, quelques pâtisseries… et beaucoup de fromages à déguster !

Cette fois ce n'est pas un portrait de femmes, mais bien celui d'une opportunité partagée qui s'est fait : nous avons eu plaisir à parler avec plusieurs espagnols – que notre aventure sidère – et qui ont essayé de donner leur avis sur l'accord d'un soir.

Inspirons-nous de Gusteau dans *Ratatouille* : « La cuisine n'est pas faite pour les timorés. Il faut avoir de l'imagination, de l'audace. Il faut prendre le risque de commettre des erreurs, et personne n'a le droit de vous imposer des limites, quelles que soient vos origines, d'où que vous veniez. Votre seule limite, c'est votre âme. C'est la vérité, tout le monde peut cuisiner, mais le véritable génie n'appartient qu'aux audacieux ! »

C'est l'« auberge espagnole » - une expression qui vient des divers récits retraçant les expériences de pèlerins sur les chemins de Saint-Jacques de Compostelle, et désigne l'endroit cosmopolite où se multiplient les échanges, les histoires qui se racontent, les rêves qui se tissent… Nous ne sommes pas vraiment en pèlerinage, quoique la coupe de vin a toujours été offerte, dès l'accueil, dans les abbayes, depuis le Moyen Age… Nous inversons juste le don du breuvage !

Et osons les contrastes historiques et géographiques en assumant l'effervescence avec un vin blanc *Entre2Monts* pétillant, méthode traditionnelle, avec une touche surprenante de cidre... surprise toujours, ce vin est belge et s'appelle *Zientje*... Flamand, non ? La vivacité et la rondeur de ce vin élevé au septentrion nous ouvrent des chemins de changements, de saveurs et d'accompagnements multiples, ou d'un *solo*... rien que pour sa note de pomme acidulée !

Un vin qui aura surpris, et beaucoup plu à un public très éclectique – de par ses âges, origines, et cultures gastronomiques. Un vin alerte quand la bise fut venue, avec ses mélanges de saveur, de texture, de couleur : blanc et fromage, pomme et dessert, plat cuisiné et pétillant.

Nous retiendrons une très belle alliance entre la tarte au roquefort et ce vin atypique : l'aromatique d'un bon cidre au nez et en bouche, la précision et la finesse des bulles, la typicité et le gras du roquefort ! On adore ! Un chouette vin de rencontre... qui fait songer à l'atmosphère d'un pique-nique dans un verger de pommes, au mois d'août.

Avec un peu de vent...

Le vent nous porte en polysémie. S'il y a bien une sensibilité exacerbée à bord, c'est celle que l'on accorde aux vents. Loin *des vents, des pets, des poums* de Serge Gainsbourg... mais quand même !

Avant de dire à quel point nous dépendons de lui, je constate que le vent revêt pour notre équipage des sens multiples, et parfois amusants.

Si par un incroyable mystère nos adolescents parviennent à nous « casser » régulièrement, ils affirment *nous mettre un vent* ! C'est encore plus marqué quand j'essaie, par tous les signes possibles, même ceux des gestes, de me faire comprendre en escale, et que mon interlocuteur reste hermétique, et parfois saisi d'effroi face à toutes mes gesticulations... *Je brasse de l'air :* le ridicule ne tue pas mais le vent souffle toujours...

Côté navigation, notre principal allié est en principe le vent : s'il est bien orienté, pas trop capricieux, pas excessivement fort, s'il n'est pas une simple risée… c'est un vent idéal, sacré, espéré ! Petit point pour les novices, comme moi. Il y a douze stades sur l'échelle des vents, sur le voilier, et je commence à paniquer quand il est de force 7, celle qualifiée de *grand frais*, quand l'écume des crêtes de vagues est gentiment pulvérisée, que l'on frôle les 30 nœuds, soit, approximativement 50 km/h. Une forme d'éloge de la lenteur !

Mais ne désespérons pas définitivement : la conduite en mer est par définition flottante, on prend un cap, on observe l'angle du vent, et on s'adapte ! Le vent est comme la vague, loin de l'image qu'en fait le peintre ou le poète : mou, nerveux, monstrueux ou chaotique. Incontrôlable en somme.

Tu prends une rose des vents, tu l'effeuilles… mais tu ne flirteras pas toujours avec elle.

Cela force l'admiration pour les marins de l'Antiquité, incomparablement moins équipés en instruments divers que nous. Telle la flotte d'Hannibal, proche de nos pensées quand nous découvrons Carthagène. Accoster là avec des éléphants : cela a dû méduser et souffler, durant les Guerres Puniques !

Pour le vent, tout commence par la levée de la grand-voile. Cette levée qui se fait face au vent. Après quoi, et selon les conditions du jour, nous serons grosso modo *au près* – quand le vent est très proche de notre route, une allure assez désagréable – ou *au portant* : le vent un peu de travers et de l'arrière… Et nous filons enfin !

Nous pouvons aussi *louvoyer, lofer, abattre, choquer* ou *border*.

Corps à corps avec les éléments naturels, nous usons d'une énergie qui nous est entièrement donnée. C'est dépaysant, intemporel, et grisant. Toutefois, nous reconnaissons que, de nos jours, nous pouvons aussi bénéficier de l'appui des moteurs, particulièrement sur la coquine et fastidieuse Méditerranée.

Bientôt : Gibraltar – Madère : 4 jours ; les Canaries – le Cap Vert : 6 jours. Le Cap Vert – les Antilles : 15 jours…

Isabel, Joanna, Paëlla

Dans la *calle Real de la Linéa* de la *Concepcion*, c'est en croisant les sourires d'Isabel et de Joanna, et en pressentant leur gentillesse, que nous leur proposons de rejoindre notre sillage culinaire. Ce sera notre dernière rencontre en Méditerranée – avant longtemps, mais nous l'ignorons encore.

Isabel et Joanna, deux sœurs, sont partantes pour relever notre défi : Isabel, petit bout de femme tonique, positive, « proactive » assure que « tout est possible ». Pile pleine d'énergie qui a élevé cinq enfants dont des triplettes… qui ont aujourd'hui trente ans ! Joanna, l'aînée, plus timorée, prévoit déjà la liste de courses au *mercado* destinée à sa paella typique et unique.

C'est sur *W-ALTER* que se rendra le plus coloré des plats hispaniques. C'est avec chaleur humaine et envie de faire plaisir qu'Isabel et Joanna investiront notre cuisine. Torchons, tabliers, assiettes : elles jouent le jeu de nous offrir ce qui les rend si fières de leurs racines : la vraie cuisine espagnole. Et déjà elles sollicitent Henri et Inès, leurs apprentis de passage qu'elles appellent « mes chéris ». Une attention toute particulière est vouée à la cuisson idéale du riz au safran : *amarillo*, mais pas trop, pimenté mais pas trop, trempé, mais pas trop !

Ce goût de l'échange, de la spontanéité et des relations franches trouve sa source dans leur histoire, la migration. Leur famille a émigré en France dans les années soixante, elles y ont grandi, vécu, travaillé, y sont devenues maman, mamie, femme, épouse… divorcée ou veuve. Elles ont gardé une attache marquée à leur lieu de naissance, avec leur force tranquille et ibérique. Avec intégrité

et complicité, des femmes qui aiment la vie, ses hauts et ses bas, et qui le montrent bien. Leur paella le dit : multiple, colorée, chatoyante, riche, roborative sans excès ! Le fameux moment de la dégustation du vin est évidemment une partie de plaisir, toute en gourmandise et en fine intrigue.

A la *Linéa de la Conception*, au Sud de l'Espagne et à deux pas de Gibraltar, avant de quitter l'Espagne continentale, nous sommes heureux de ne pas manquer l'occasion de la paella, riche en couleurs, riche en saveurs, riche en plaisirs. Etymologiquement, la *paella* désigne une grande poêle munie de poignées pour agiter tous les ingrédients (riz, safran, viandes diverses, moules, crevettes, petits pois, tomates ...) et faire passer !

Comme à l'écoute d'une évidence et d'un appel de couleurs, de parfums, nous choisissons pour elle un vin rosé, A.O.C. Côtes de Provence, *La Madrague, cuvée Charlotte*. Ses cépages sont le grenache, le cinsault, la syrah et le mourvèdre. La promesse du plat riche en goûts, avec son *pantone* et ses crevettes, tout aussi rosé, nous inspirent cet accord. Le vin révèle en effet une teinte rosé pâle typique des vins de cette région, avec de beaux reflets. Il offre également une belle longueur, une expression de fruits exotiques, et un caractère acidulé.

Fiesta ! L'accord se révèle idéal, entre les richesses promises du plat de *paella* et la composition du vin. Sa densité permet une association « soutenue » avec la diversité du mets, une paella vraie de vraie. Fraîcheur, exotisme et rondeur entrent en correspondance avec tous les goûts exprimés et l'exaltation espagnole.

Qu'avons-nous envie de donner de nous ? Telle est la question qu'on peut se poser à chaque fois qu'on cuisine un joli plat ou ouvre une généreuse bouteille... Ici nous avons reçu un kaléidoscope de saveurs, et notre vin lui aura justement répondu.

Chaos vers Madère

Que dire de notre traversée entre Gibraltar et Madère ? Cinq jours interminables, alors que le capitaine m'avait évoqué un tapis de quiétude, à notre entrée sur l'Atlantique. Je suis abattue par la seule puissance du mouvement. *I love rock'n'roll* ? Boyaux qui vrillent, entrailles..., somnolence tapageuse, indolence insidieuse. *Allô maman bobo* !

Malgré mon allure, ma taille, mes grands yeux, je me sens si chétive... Ressens tous les ressacs... j'inspire et j'expire toujours, forte d'un peu du yoga, mais c'est vraiment la castagne, la foire d'empoigne, le grand huit la nuit, les vagues russes. Et le jour : rodéo bleu !

Nous avons traversé une vraie tempête. Tous les modèles météorologiques semblaient avoir sous-estimé les conditions de cette traversée de 600 milles – soit environ 1200 kilomètres ! Madère est une « zone particulière », une zone de transition, tantôt sous l'influence des dépressions atlantiques, tantôt sous les alizés provenant du nord est.

Des vagues étaient annoncées à quatre mètres, mais nous avons goûté des monts d'eau de six mètres, au passage du front froid... traversé avec des rafales soufflant à 57 nœuds.

Nous étions sur le même trajet que le voilier *Erimus una*, voilier qui aura partagé nos doutes, nos nuits, nos secousses. Solidarité qui donne de la force dans l'épreuve : à bord de *W-ALTER*, Olivier et Inès auront assuré toute la navigation avec courage et ténacité, alors qu'Henri et moi étions plus léthargiques que jamais.

Arrivés à la marina, pour conclure en beauté, nous tombons en panne d'essence au milieu du port ! En effet, nous utilisons un moteur après avoir baissé les voiles pour les manœuvres d'arrivée aux ports, et, parfois, en traversée quand le vent fait défaut ...

Ici c'est la panne sèche ! Mais, grâce à l'équipage de notre voilier frère, nous aurons réussi à nous débrouiller tant bien que mal : un moment sale, trip-pal, papal – j'ai embrassé le sol de Madère en descendant de bateau.

Dès le lendemain de notre accostage, Henri réveillera Inès en lui chantant *Debout les gars, réveillez-vous, il va falloir en mettre un coup, on part au bout du monde !...*

Nous reprendrons en chœur : *Debout les gars*...!

Arrivés « secoués mais heureux » à Madère, nous n'avons vraiment pas l'intention de donner l'illusion d'une croisière idyllique. Et pourtant, déjà, l'exploration l'emporte. Madère est un archipel – comme les Canaries – qui s'ancre sur un vaste plateau sous-marin rattaché à l'Afrique et à l'Europe, et dont la profondeur oscille entre 2 000 et 4 000 mètres. Chacune de ses quatre îles (Madère, Porto Santo, les îles Desertas et Selvagens) est le fruit d'une longue succession d'éruptions, succession qui amena des volcans sous-marins à émerger. Sa morphologie est des plus accidentées, où dominent pics ciselés par l'érosion et plateaux d'altitude, entre lesquels s'insinuent vallées et ravins. Et beaucoup de verdure.

A l'immensité des océans, nous joindrons ici le vertige des hauteurs et la luxuriance de la végétation. Et à bout de souffle, les mots de Pierre Rahbi s'empareront de nous : « Il nous faut admettre notre ignorance, et reconnaître par-là que le mystère de la vie nous dépasse. Nous pouvons décrire et recenser les phénomènes, mais pas l'essence de la vie ! La planète est indivisible : nous sommes l'eau, nous sommes les océans... » *Kaizen Magazine*, novembre 2014.

Mots pleinement reçus par chacun de nous. Nous *quatre*, avec, et dans, les *quatre éléments*. En arrivant à la marina de *Quinta do Lorde*, nous pénétrerons les entrailles d'une terre rougeoyante. Une terre qui a connu le feu, teinte de sang, d'ocre, de brun ! L'eau de l'océan qui cogne alimente de jolies piscines naturelles, et l'eau venue des nuages, qui viennent nous chatouiller chaque jour, complètent le dépaysement, et multiplient les arcs-en-ciel.

En une journée, *quatre* saisons : tongs, maillots de bain, bottes pour la gadoue, anorak ou *moon boots* ! Le *must* est de longer les *levadas* – des petits canaux d'irrigation creusés sur tous les flancs de l'île pour acheminer l'eau vers les plantations du sud, pour cultiver la canne à sucre ou les bananes… Au nord, nous admirerons des vignes. Et je me dis…

Les évadés des levadas sont délavés dans la vallée
par toute l'eau qui tombe là
et l'on voit les évadés vannés s'avouer
que la vie d'évadé vaut bien la vie d'avant
car par monts et par vaux quand il y a du vent
on est vidés c'est évident
mais cela vaut bien le vent du large et le vin du bord

Et tous les lopins, toutes les pentes, sont plantés et entretenus, autant que les innombrables tunnels… Fleurs, fruits, chênes-lièges, lauriers, eucalyptus, couvrent l'île.

Quatre points d'accroche à Madère : le bout du tunnel finit toujours par arriver… cherchant une fenêtre de temps favorable à la navigation. *Bakalau* et *maracujas* variés à toute heure. Rimes inattendues entre *rando* et *ado* ! Messe omniprésente et omnipotente.

Je dois ici préciser que la messe est diffusée à l'extérieur des églises… qui sont pleines ! Et la « volcanique » cathédrale de Funchal recèle un plafond sublime de bois de cèdre, avec des incrustations d'ivoire.

Quatre-quarts nerveux, également : *W-ALTER* a dû quitter l'eau les *quatre* fers en l'air ! Pour une réparation relativement importante de sa coque. Une avarie qui nous aura pris un peu de temps - et ce n'est que le début des aventures.

Avec Irène Némirovsky et son *Vin de solitude*, disons qu'*On ne peut pas être malheureuse lorsqu'on a ceci : l'odeur de la mer, le sable sous les doigts... l'air, le vent...*

Le portrait croisé de Sergine et d'Anna-Marina nous est apparu comme une évidence. Nous les réunissons librement car toutes deux ont été séduites par notre *navinologie* et partagent notre goût du voyage, des mets et des émotions. De la terre aux femmes, ce sera cette fois autour d'une dégustation d'huile d'olive que nous dénicherons la connivence.

D'où la *drupe* : un fruit à noyau charnu, tel l'olive... à côté de nos grappes de raisin !

Sur les traces de son grand père, Anna Marina cultive deux mille oliviers en Toscane, non loin de la mer, bercée par les vents intenses et un terroir argileux. Son domaine sauvage et naturel s'incarne fortement en ses fruits, en notes puissantes et végétales. Nous avons rencontré cette agricultrice déterminée et sensible lors d'une visite impromptue du Mikvé de Montpellier, un haut lieu souterrain de la culture juive médiévale, qui permettait les rites d'ablution et de purification grâce à la nappe phréatique parmi les pierres romanes feutrées... Anna nous confia les trois soeurs de sa gamme d'huile *Le Amantine* pour notre périple. Ces trois huiles – qui donnent un bouquet italien de senteurs et de saveurs à nos plus simples repas à bord – sont des merveilles. Qui plus est, elles ont des « prénoms » très évocateurs de notre rencontre : *Unico* (le plaisir), *Talea* (l'audace) et *Amantino* (l'élégance).

C'est ainsi que je présente notre « délectation dégustation » à Sergine ! Nous avons rencontré Sergine et Bruno du voilier *Erimus Una* lors du baptême de *W-ALTER* à la Grande Motte. Depuis lors, nous nous retrouvons en mer et aux escales. Nous avons déjà traversé des tempêtes, partagé des randonnées, des lectures, accepté de prendre les risques d'un grand voyage, de saisir le monde en jouant sur nos forces et sur nos sensibilités !

Plaisir, *Audace*, *Elégance* : exactement ce qu'incarnent nos deux invitées du jour. Elles ne se connaissent pas ; mais, en les croisant, nous les reconnaissons l'une à travers l'autre. Elles ont la démarche élancée, le regard franc, le verbe clair des femmes dignes et amoureuses. Elles sont belles, naturellement *classe*. Ce qui les distingue plus particulièrement, c'est leur volonté, en tout temps, d'être vraies et entières. Elles me donnent beaucoup de force, quand je me décourage. Il y a des personnes qui veulent voir, partout en notre rêve, toutes les impossibilités ; et il y a celles qui nous rendent confiance et allégresse, parfois avec une toute petite phrase.

Avec Sergine et Anna, volubilité, impertinence et absence de complaisance. Femmes de choix : l'une, parisienne, développe une exploitation oléicole en Italie ; l'autre, femme engagée, quitte le confort de sa Charente pour la circumnavigation. Choix qu'elles revendiquent, défendent, assurent grâce, aussi, à la complémentarité avec l'homme de leur vie. Elles choisissent de défendre le bon et le beau, coûte que coûte. Avec trois petits rien, elles proposent une fête : les bulles de champagne, la mousse au chocolat, les spaghettis, une salade de tomates, un pistou !
Sergine porte toujours une invisible couronne : à la manière de la Reine d'Angleterre, il est proscrit de la photographier au moment de porter un mets à sa bouche ! Et son tempérament est vraiment majestueux, jamais interdite comme « une poule devant un cure-dent » - ce sont ses propres mots. Elle se réjouit de notre petite dînette gourmande, et les trois huiles lui plairont beaucoup, avec leurs cortèges d'herbes fraîchement coupées, de sous-bois d'automne, de truffe et d'amandes douces.

Terre happy aux Canaries

Navigation aux Canaries, au cours de laquelle je tente de juguler mes appréhensions : *Qui trop regarde la météo, reste au bistro…* selon l'almanach breton !

Nous combinerons plusieurs thérapies à Lanzarote.

L'aloé-thérapie : Lanzarote, énorme caillou noir déchiqueté et lacéré, paysage ténébreux et fascinant de laves figées. Un climat défini comme subdésertique, où nous aurons connu beaucoup de pluies, fréquentes et passionnées. Des cactus incongrus, et les aloès. Cette dernière plante regorge de vertus de longue date reconnues : Christophe Colomb et Gandhi en usèrent sur leur longue route.

La bateau-thérapie … A quai, tout est plus facile. D'autant que nous échangeons avec d'autres marins, souvent aguerris et tout en jouvence. Nous « débuguons » ainsi notre nouveau catamaran. Et pour parfaire notre soin, le tour de l'île de Lanzarote présente cinquante nuances de sable : une invitation à la contemplation.

Et la vino-thérapie ? Je m'évertue à dessiner les portraits de celles et ceux que nous rencontrons… mais Olivier a pris du retard pour la conception des accords, trop accaparé par notre bateau… de riches notes sont engrangées ! Il n'empêche : la *Revue du Vin de France* nous accorde une bel entretien sur nos accords au fil des mers.

D'abord, ici et maintenant, nous découvrons les vins de la Géria : chaque pied de vigne est planté dans une cuvette de lave, protégé de petits murets de pierres, rapproché de la nappe phréatique et mis ainsi à l'abri du vent. Nous goûtons les différentes expressions des blancs de *malvasia* et de *moscatel* dans les *bodegas*, des rouges *tinto traditional.* Nous aurions rêvé de déguster ces breuvages dans la grotte blanche de la Fondation Manrique.

César Manrique (1919-1992), artiste touche à tout, a créé à Lanzarote une maison exceptionnelle dans laquelle cinq bulles protéiformes et naturelles se succèdent dans la lave, au pied d'un figuier. Il parvint ainsi à sublimer son île par des lieux, des œuvres graphiques et sculpturales en symbiose avec les volcans, voulant *créer avec une liberté absolue, sans angoisses ni recettes, consoler l'âme et ouvrir un chemin pour le plaisir de vivre* : voilà toute sa terre happy !

Chaque rencontre est une petite chasse au trésor que nous lançons, à peine accostés. Mais aux Canaries, notre quête reçoit un accueil d'abord timoré : les Canariens semblent saturés de touristes. Serait-ce ici une mission impossible ? En bon chasseurs de trésor, nous gardons un vif attrait pour les pépites et les instants précieux. Apparaît Iratxe, dans sa vinothèque d'Arrecife. Tout comme la pépite recherchée, Iratxe est fine, brillante, ciselée, androgyne ! Et ne connaît que trois expressions françaises : *Bonjour*, *merci* et *très bien* !

Un premier contact très gai, puisqu'elle nous invite à goûter aux vins locaux selon la manière locale : avec des lamelles de fromages de chèvre associées au condiment insulaire, le *mojo*. Un peu piquant, étincelles dans les papilles ! Mise en bouche idéale, pour exposer notre invitation au partage. Le défi est particulier : Iratxe ne parle qu'Espagnol, et *mucho mucho rapido* quand nous le susurrons très doucement.

Nous comprenons néanmoins qu'elle souhaite préparer un plat espagnol constitué de légumes variés en « potage ». Elle nous explique aussi que ses parents avaient un restaurant, et qu'elle y passait tout son temps quand elle revenait du collège. Elle sait de longue date que la bonne cuisine faite d'amour rend les gens heureux.

Iratxe nous qualifie de « compagnons de voyage de vie ». Et deux jours plus tard, nous sommes reçus dans sa vinothèque avec l'agitation et l'éclat qui la caractérisent. Son repas est déjà prêt, et Iratxe a pensé à ajouter des délicatesses pour les jeunes : une tarte aux fruits rouges, et une brioche aux raisins. Nous nous régalons d'un plat de légumes au *chorizo* et nous sommes gentiment installés à l'étage où une exposition met en lumière la vigne, la nature et la joaillerie Comme le Petit Poucet, nous ne cessons d'amasser les cailloux-bijoux.

Iratxe s'exclame, s'enthousiasme à chaque petite surprise. Ebahie par notre démarche, elle s'émerveille du vin français que nous avons apporté. Son étiquette et sa fraîcheur l'interpellent. Elle reste toutefois convaincue que le meilleur vin du monde, reste celui de Lanzarote, qu'elle promeut ! Elle évoque aussi volontiers ses propres adolescents, qui, comme la plupart d'entre eux, préfèrent les vacances et le sport à l'école... Mais, chez elle aussi, l'adolescence est toujours vive : Iratxe rêve de mer, de surf, de plage... des belles plages de son île.

Elle saisit avec engouement notre proposition d'envoyer une bouteille à la mer, un message qui la fait vibrer : elle y crie sa colère contre les prospections de pétrole aux Canaries, qui mettent en péril la nature et la mer. Sur son téléphone, elle nous montre un coup d'éclat de *Greenpeace* contre l'alliance de l'économie et de la politique qu'elle juge inepte, malfaisante.

Son cri, son vœu : développons les énergies renouvelables ! Sur l'île, on avait vu ici ou là des affiches sur lesquelles un Canari(e) bleu tente de sortir de sa cage. Jusqu'ici, tout allait « très bien ». Est-il possible de rêver avec Iratxe que nous saurons sauver notre butin du jour et de la vie : des partages, un sourire, du bon vin, un câlin, l'air, la mer, la planète ?

Nous comprenons qu'Iratxe souhaite nous réserver un plat ibérique typique : une soupe de lentilles au *chorizo*, subtilement relevée. Erreur ou glissement de sens plus tard, il s'agira plutôt d'une potée façon « lentilles et chorizo ». On retrouve bien les ingrédients, mais non la texture et l'intention présumées !

A priori, un vin complexe et riche devrait s'accorder à un plat de nature onctueuse, même un peu relevé. Partant d'une équation

générale : « plat simple, vin complexe » ; l'accord fut tenté en ce sens, et dans notre sillage, en choisissant *Ecume*, un Collioure blanc composé de grenache gris et de *vermentino*. Complexe, aromatique, ce vin se caractérise par son gras et par sa minéralité, exprimant fleurs et agrumes.

C'est donc une association imprévue qui s'est présentée à nous, et ce vin concentré et complexe a su tenir sa place. La puissance du vin a permis de soutenir le lien, et ses riches arômes ont conféré du relief à la rusticité du plat. Avec un beau vin bien travaillé, il est possible de trouver des ressources cachées !

Image d'une sculpture de César Manrique : en toutes ses œuvres, cet artiste recherche la possibilité troublante du dialogue entre l'art et la nature, l'ouverture des possibles selon les cinq sens… Une potée n'est pas un potage pimenté, mais nous apprend à inventer !

Iratxe nous recommande encore de nous présenter au troquet du coin, le matrimonio

Dans ce restaurant typiquement canarien de Lanzarote, toutes les personnes du service finiront par participer à la dégustation et aux échanges sur notre projet avec les habitués. Les gestes et les regards sont bien plus intenses que nos idées sur ce projet de rencontre : le réel nous grise !

Nous qui sommes entre deux îles, nous partageons un étonnant vin blanc du domaine Entre-deux- monts … du sud de la Belgique ! Un arrêt sur cépage lève l'intrigue : c'est un assemblage de pinot gris à 85 %, et de *siegerrebe* à 15%. Un vin frais, aromatique, avec une acidité prononcée, qui lui confèrent structure et fraîcheur !

Nous nous devons de découvrir la riche spécialité maison : le *Matrimonio* dans lequel des poissons blancs sont panés et frits avec des œufs. Les salades peuvent donner l'illusion de l'équilibre et d'un peu de verdure, mais c'est bien le caractère copieux et addictif du *fish and chips* qui l'emporte ! L'acidité et la fraîcheur du vin forment un bel équilibre avec ce plat très nourrissant.

Tout est dit dans le nom du plat : s'il y a accord matrimonial entre le poisson et l'œuf, une abondance certaine, il y a aussi un très beau mariage avec le vin original que nous avons apporté. Sa minéralité offre un « mariage de raison » avec le gras du plat et les saveurs iodées du poisson… Plus subtilement, le côté poiré et floral, avec une belle puissance, viennent égayer un plat simple.

Loin de chez nous, nous retrouvons le vent du nord, ou, du moins… son goût. Repus et joyeux, nous garderons la sensation que l'air frais nous accompagne de port en port !
Ainsi, de timoré qu'il était au départ, l'accueil canarien est devenu l'expression littérale du mariage… Patience et projet font la paire !

Sans voix, la Morna

Nous avons navigué entre les Canaries et le Cap vert, choisissant ainsi de raccourcir la transat et de découvrir un archipel métissé, celui du Cap Vert. Entre Las Palmas aux Canaries, et Mindelo, au Cap Vert, nous finaliserons également notre préparation technique. Fidèle à moi-même, je peux tenir les outils à disposition, aller acheter des pièces réservées, parler avec tous les autres équipages… Et j'écris.

Nous sommes le 13 décembre 2014, nous sommes prêts.

Et moi, sans voix : nous quittons les terres du Cap Vert avec un souvenir vibrant de *Santo Antao*.

Traverser l'Atlantique… *no comment* ! Si ce n'est celui de voguer avec, en soi, un magnifique souvenir...

Le bien. A Mindelo, sur l'une des îles Barlovento du Cap Vert, grâce à ma petite visite de l'église Notre-Dame de la Lumière, je fais connaissance avec Maria Da Dores, qui fut professeur de sciences et qui excelle en français. Maria fait vite le tour de ses amies et meilleures cuisinières pour activer notre échange. Maria da Dores (deuxième du nom !) répond favorablement.

Le bon : le repas est préparé par cette amie, qui a quatre-vingt deux ans, et qui nous promet un thon mariné garni de légumes locaux et de banane *à la Zinha* – son surnom. Elle a pour sa part étudié le français au lycée, et… comme elle le dit d'emblée « elle déchire la grammaire » ! Maria déchire vraiment, et avec le cœur, les yeux, les mains. Tout est langage, chez elle.

Et elle nous a offert bien plus qu'un savoureux repas. Une grande allégresse, cette allégresse qui émane d'une foi immense, et qui nous impressionne. Le repas commence en chantant un *Alleluia,* et chacun s'accorde à penser qu'en ce temps de l'Avent, nous partageons vraiment une fête d'avant Noël.

Nous ne dirions pas que *la misère est moins pénible au soleil*, mais qu'elle s'estompe derrière une grande solidarité. Maria-Zinha adore Dieu et les autres, et, simplement, le prouve. Elle accueille depuis toujours des enfants et des jeunes dont les parents capverdiens sont en difficulté. Ce soir-là, autour de cette ancienne institutrice, nous sommes en compagnie de Marvin et David, qui grâce à elles, bénéficient d'un « chez soi » chaleureux.

Le beau. Les jeunes s'empressent de mettre le repas en musique avec des mélodies de morna, cette musique qui contient toute la *saudade*, toute la nostalgie du monde. C'est toute la musique de l'ancienne voisine, Cesaria Evora, qui nous transporte, d'autant que Maria (la première) nous offre un vrai récital : un air suave avec une voie légère et forte, comme du cristal, sur une nuit de Mindelo.

Repas au diapason : coloré et harmonieux. Comme des ricochets, les orangés et vert de la nappe en batik du Cap Vert viennent illuminer nos mets. Maria (toujours première) souligne que nous rendons un bel hommage aux quarante ans d'indépendance de l'archipel et à son libérateur Amilcar Cabral qui disait : *Mastigar os liquidos e sorver os solidos*. On se régale ! Quant à Maria-Zinha, elle nous remercie de vivre cette fête, et nous propose de la dédier aux habitants de l'île de Fogo – célèbre pour son volcan, son vin, son café – qui viennent de subir une éruption volcanique. Nous souhaitions y accoster pour découvrir les vignes les plus proches de l'Equateur, mais les entrailles de la terre en auront décidé autrement.

Quand nous rejoindrons le bateau, le silence sera dense. Danse d'un silence.

Parfois la cuisine est un engagement émotionnel, affectif, une façon de « se faire beau ». Si ce n'est pour une rencontre amoureuse, tout du moins pour une rencontre qui touche à l'intimité. Offrir sa cuisine, c'est offrir un peu de soi ! Chez Maria à Mindelo, nous recevons la sincérité, un bout d'histoire et de géographie du Cap Vert, un échange en « français du monde », et une soirée toute rose ! Tout ceci simplement, autour d'un plat typique : un beau thon revenu et mijoté dans des oignons accompagné de bananes, de pomme de terre, de patate douce et de manioc.

Nous optons pour un vin de fête. C'est l'esprit de ce dîner, et bien davantage. Le champagne Barons de Rothschild Rosé amènera fraîcheur et légèreté avec ses bulles, et certainement, fermeté et maintien face à la variété du plat.

Une très belle rencontre, peinte sur bien des tableaux ! Celui de l'union chromatique : l'œil rosé du champagne, la tendance colorée du plat, la jolie nappe *batik*... Et les joues des convives : c'est vraiment la vie en rose ! L'association au poisson cuisiné, aux légumes et à sa sauce de cuisson donne naissance à une belle harmonie de goûts et de reliefs, tout en finesse.

Le repas se poursuit avec un fromage de chèvre frais local et un dessert à base de bananes. L'accord se prolongera dignement, jusqu'à la dernière goutte.

Un Champagne rosé comme chevalier moderne sur la table ronde, Lancelot du lac...

Beaux garçons d'Amasia

A l'ami transat, ce que j'ai écrit et ressenti…

« Nous sommes à mi-parcours, au bout d'une semaine. Mais nous savons déjà que tout est possible ! Je me souviens des paroles d'Isabelle Autissier : « L'Atlantique est un petit Océan. » Mais nous y sommes ! Je peux aussi évoquer l'engagement de Loïc Peyron avant sa dernière course, victorieuse : « Je pars seul avec mon sextant, ma bite et mon couteau. » N'ayant pas exactement les mêmes équipements, je me réjouis de chaque jour passé. Nous nous réjouissons, car nous avançons de plus en plus vers le soleil couchant – il se tient devant nous, toujours plus à l'ouest. A chacun son étoile, en ces temps de fêtes !

Nous pénétrons avec celles des vagues, l'épaisseur du temps et la profondeur des distances. Et je crois que ce passage était au fond plus difficile à imaginer qu'à vivre. Mais il nous est malaisé de démêler le « quand » et le « où ». Avec, parfois, un peu de fébrilité : nous nous surprenons à faire le tour du catamaran à pied, en arborant nos gilets de sauvetage…

Avec fantaisie et minimalisme, Inès décore notre bateau et concocte des pâtisseries. Henri les dévore, et beaucoup de bandes dessinées. Olivier se perfectionne en maints domaines, devient boulanger, barbier, coiffeur, … et patient ! J'essaie quant à moi de préparer un repas simple une fois par jour, et je suis d'une sobriété rare. Le capitaine Haddock pourrait me répéter que je n'abuse pas de l'alcool… puisqu'il est consentant ! Mais je me sens dans un état particulier, qui m'empêche de déguster. Plus loin, plus tard : nous en aurons encore à vivre et à conter.

Un ami affirmait que je suis « une grande voyageuse qui s'ignore », et c'est encore un peu le cas. Maintenant, comme tout l'équipage, je fais mes quarts. Un petit morceau de bravoure pour nous tous, et souvent, je chante ou danse avec la tablette sous les étoiles pour me stimuler. Le jour,

comme les enfants, j'aimerais croiser une baleine. Ce qui séduit beaucoup moins le capitaine : la belle pourrait mesurer le double de W-ALTER *et, avec le béguin, lui accorder une caresse torride ! Sans cétacé, nous croisons surtout des poissons volants. Le jour, on se régale de nos lectures à plusieurs voix : liens avec l'ailleurs … entre imaginaire et spirituel.*

Zig zag à sept nœuds sur mer agitée, bleu sur bleu et bancs d'algues, et une température de vingt-sept degrés, mais sans plage ! »

Juste avant la traversée vers les Caraïbes, juste avant le grand départ, nous avons pris la tangente en rencontrant l'*amazing Amasia*. A son bord, quatre garçons plein d'avenir qui vont traverser l'océan en même temps que nous.

Ils s'étaient promis de vivre un tour du monde et se tiennent aujourd'hui leur promesse, du haut de leurs vingt-cinq ans. Avec comme défi : zéro émission carbone durant la boucle de deux ans ! Ils sont la génération de la transformation. Nous, jeunes, on prenait des bains au savon douche *Ushuaia* en chantonnant : *Le plastique, c'est fantastique…*

Au lieu de succomber à l'effondrement subi de notre civilisation ou à une austérité réparatrice, cet équipage nous montre la voie d'une sobriété volontaire et joyeuse : ils ont aménagé leur voilier *Amasia* – du nom d'une héroïne de Jules Verne dans *Kéraban le Têtu* – l'un des livres des plus comiques de son auteur, et l'un des plus méconnus –, pour prouver que le pétrole n'était plus nécessaire. Notre capitaine Olivier a pu partager avec eux à propos de son expérience professionnelle passée, et parler de la consommation d'énergie liée à l'informatique et à tous nos échanges virtuels : les *green data centers* pour héberger les données restent à inventer.

Fringants, charmants, les quatre garçons abordent W-*ALTER* avec leur marmite. Une provision d'énergie, de bonne humeur et de convivialité ! Une joie gustative en l'honneur de l'humanité, du masculin et de la féminité, *au fil de l'eau, du vin et des elles*. François, de nos jeunes marins le plus averti en œnologie et en gourmandise, nous offre un *carpaccio* de thon à l'orange, exquis de subtilité.

Martin, très volubile et féru de bio-dynamie, des lasagnes de légumes du Cap vert… à se rouler par terre, même sur mer ! Et le chef dessine Inès sur son gratin, avec une ode à la planète et aux éléments. Enfin, Pierre parachève le festin avec ses bananes flambées.

Nous offrons à nos délicieux cuisiniers de rencontre ces mots de *Vingt mille lieux sous les mers* : « La mer est tout ! C'est l'immense désert où l'homme n'est jamais seul, car il sent frémir la vie à ses côtés. Là est la suprême tranquillité. La mer n'appartient pas aux despotes. Là seulement est l'indépendance ! Là je ne reconnais pas de maîtres ! Là je suis libre ! »

A la manière de Woody Allen, nos quatre jeunes marins s'intéressent dès maintenant à l'avenir car… c'est là qu'ils vont passer le restant de leurs jours. D'où leurs plats !

Nous découvrons avec eux, d'abord, la cuvée *prestige* du domaine de la Rouillère. Un vin rosé, A.O.C. Côtes de Provence, subtil assemblage de grenache, de cinsault, de syrah et de mourvèdre. Un rosé vineux, avec des arômes de fruits à noyaux, loin des rosés communs, agressifs. L'associer au carpaccio de thon étaiera le jeu des saveurs. Le thon cru, cuit légèrement à l'orange, et légèrement relevé par la cive – ou ciboulette –, appelle un peu de tension vineuse, et des arômes fins, légèrement fruités, mais aussi, suaves. Une fraîcheur très bienvenue ici, même le soir venu.

Ensuite, avec le plat de lasagnes végétariennes, nous rebattons les cartes… A nous « fendre le cœur » ? Oui, mais sans tricher ! Et nous ouvrons un vin riche en saveurs et parfums, qui nous vient lui aussi d'un jeune garçon, plein d'avenir comme nos cuisiniers voyageurs : Pablo, de son domaine de Crève-Cœur. Un Côtes-du-Rhône rouge, lui aussi assemblage de grenache, de cinsault, de syrah et de mourvèdre. Par-delà sa magnifique couleur grenat, son explosion des fruits noirs rehausse la finesse parfumée des légumes. En bouche, on joue aussi sur les notes épicées, la garrigue. La richesse de ce vin amplifie la matière du plat, c'est une joie pour les papilles !

Et nous célébrons autant le savoir-vivre à la française qu'une partie de pêche, au sein d'une fraîche cascade, sur l'île à la végétation luxuriante. Hommage à la terre nourricière, avec en écho l'étiquette *Pacha Mama*, déesse de la terre nourricière, choisie par Pablo le vigneron !

La terre, c'est d'abord la mer, et sur ces bonnes vibrations, nous poursuivons la traversée.

Je me souviens

Je me souviens, je veux me souvenir du vingt-sept décembre 2014 à minuit, de ce moment où nous avons jeté l'ancre ! Atlantique : traversé ! Après quatorze jours de poussières d'étoiles, de flots inconstants, de firmaments d'écumes. Ligne brune sur horizon rose, « notre » Amérique ne serait pas moins belle que celle de Christophe Colomb.

Peu à peu, la côte s'est mise en habit de lumière. Mais ce que nous avons d'abord senti, à son approche, ce sont ses bruits et ses odeurs. Humé une fragrance insaisissable, et si plaisante, de vanille, d'épices et de chaleur humaine. Et à l'arrivée, au mouillage de Sainte-Anne en Martinique, j'entendais la ritournelle *collé-serré*...

Il nous aura aussi fallu retrouver les gestes de l'ancrage, dans une baie toute noire, que nous devinions couverte d'une forêt de mâts. Puis le capitaine s'est offert une bonne bière ! Et moi, les toutes dernières pages de *Désert,* de Le Clézio, l'ultime livre de la traversée.

Sommeil de quelques petites heures. Au réveil, le chant du coq et le pépiement des oiseaux, un enchantement. Enchantement avec mon nez tout rougi, coup de soleil attrapé la veille dans une lutte acharnée contre le *spi* mal enroulé... Et un bleu énorme à la jambe

– quelques bleus à l'âme, aussi ! Mais depuis le pont : ni rouge, ni bleu, seul le vert de la végétation, et le scintillement du *Diamant*, magnifique rocher du sud de la Martinique ! Une grande nuit, avant un grand jour. Et je nous souhaite à tous de nous souvenir, encore et encore, de moments si forts.

Quinze jours de transat azurément bleus, et les seuls moins « *gerbille et chiffonnette* » pour moi et mes maux de mer. Le corps a ses raisons que la mer ne connaît pas ! Depuis le début, j'étais un peu beaucoup *gerbille* – un surnom suggestif pour un certain mal de mer… qui permet de pêcher les poissons sans appât ! Etat larvaire, acide, point du tout raccord avec les éléments.

Et notre *W-ALTER* ? Le sable, l'eau de mer, l'écume des jours auront rapidement souillé son élégance discrète ! Déclinons là un exotique vocabulaire de sensations : toute cela *pègue, poisse, fouette, puire* ! Mauvais parfums pour l'insoutenable légèreté de l'être, en tout cas ! Un bateau s'entretient quotidiennement par *les fées mer*, toute une bande de *chiffonnettes*. L'équipage au complet se met aussi régulièrement aux petits soins, et *W-ALTER*, et nous, arrivons plutôt fringants, de l'autre côté de l'océan.

Nous arrivons pour les fêtes de fin d'année, après avoir vécu Noël à bord. Ce qui restera marqué dans nos mémoires à tout jamais, un temps fort, à nous quatre, malgré toutes nos turpitudes. Nous en avons profité pour lancer nos « bouteilles à la mer » ou plutôt celles de nos amies des *Vents d'anges*.

Elisa et Ariadna de Minorque souhaitent que toutes les filles du monde accomplissent leur rêve, qu'elles accèdent à une éducation épanouissante et à une vie la plus heureuse possible ! Iratxe lance un cri, un S.O.S., pour que les Canaries ne succombent pas au joug de l'exploitation pétrolière, mais cherchent toujours à valoriser leur nature !

Effervescence, joie de découvrir les Antilles, de nouvelles personnes, une nature prodigue. Nous avançons vers les *Pontons du Marin*, au sud de la Martinique. Une échoppe nous attire : Marin Mouillage.

Quand deux femmes se rencontrent à *Marin Mouillage*… qu'est-ce qu'elles se racontent ? Passage de relais à la fois tendre et fort, et un accord des *Vents d'Anges* qui nous aura valu un reportage sur *Antilles* T.V. Martinique !

Délitia et Nicole ne sont pas du même univers : Nicole est cuisinière depuis qu'elle a baigné, toute petite, dans le tintamarre des casseroles de ses tantes ; Délitia est experte en finances, et véritable chef d'équipe. La première, calme et déterminée, a décidé de transmettre sa passion de la cuisine antillaise dans les ateliers *Kaï Colibri* tandis que la seconde, radieuse autant que battante, est prête à faire perdurer un restaurant typique et réputé. D'emblée elle annonce la couleur : une femme est capable de tout, et elle sait rester attentionnée. Un simple tour dans son réfrigérateur le prouve d'après elle : quand c'est l'homme qui mène la barque, on y trouvera toujours ses yaourts préférés (à la noix de coco), quand c'est la femme qui est entreprenante, son mari n'aura pas forcément pensé à ses « petits riens » du quotidien !

Nicole a constitué une équipe antillaise depuis près de vingt ans – ce qui est rare en Martinique. Délitia voit en cette durée une motivation supplémentaire pour « être debout », et nous rappelle que l'esclavage a laissé ici un traumatisme et un profond manque de confiance en soi. Elle a choisi le verbe haut et la transparence avec ses sept collaboratrices.

Nicole a vite perçu sa combativité, qui vibre chaque jour comme pour une rentrée des classes. Chemin de l'école et de la vie, sac à dos riche du métissage entre Sicile et Antilles, envie de se dépasser et d'aimer les gens, de se moquer des donneurs de leçons, et de continuer à apprendre !

Finalement Délitia met son armure sur un cœur tendre, ça se sent très vite en cuisine. Toujours féminine, elle défend aussi son féminisme à travers une image créole : *Nome cé fruit a pim dou, é famm cé chataine* : « l'homme est le fruit de l'arbre à pain, la femme est le bourgeon qui reste sur l'arbre. » Charnu et vitaminé, l'homme tombe parfois ; la femme est prête à fleurir, à donner, à se balancer sur la branche, en persévérant. Quand deux femmes se rencontrent ici ou ailleurs, elles façonnent et refont le monde, comme les bourgeons sur l'arbre.

Grâce à Délitia et à Nicole, au restaurant *Marin mouillage*, nous jouissons d'un accueil à la fois privatif et médiatique pour la dégustation, accompagnés d'*Antilles* T.V. pour le reportage. Nous avons la promesse, d'une part, d'un colombo de dorade coryphène, et, d'autre part, d'une interview croisée.

Notre choix en cave se portera sur le *Domaine des émois* de Joseph Mellot. C'est un sancerre blanc, de cépage sauvignon. Nous mirons ensemble l'or pâle et reflets verts du vin, et apprécions son bel équilibre, associant notes florales et fruitées – gelée de coings et mangue. Un sancerre très parfumé, d'une belle ampleur, qui s'accorde naturellement avec le poisson, et d'une belle présence pour les épices du plat. La dorade coryphène, au goût suave, s'est accordée facilement à ce beau vin. Le caractère épicé du colombo n'a pas pris le pas sur la composition, grâce à la belle vinosité, et ce, sans tour de force. Vin des émois, rencontre d'un duo féminin aux fourneaux.

On distingue dans l'eau son propre visage, mais dans le vin on perçoit le cœur d'un autre.

Cinéma et coco aux Antilles

Nous venons de vivre une première boucle aux Caraïbes, avec pour chemin : la Martinique, Sainte-Lucie, Saint-Vincent Grenadines, la Martinique.

Nous suivons une fiction en cinémascope. Passer à côté d'un diamant sur l'eau, nager avec des tortues, approcher d'immenses raies, chercher les iguanes, voir la mer en technicolor, boire un *ti punch* sur la plage de *Petit bateau* – l'un des îlots des Tobago Cays, archipel onirique des Grenadines –, admirer les courses de yoles martiniquaises, s'offrir un bijou en noix de Zanzibar (du dernier chic !), apprendre à ouvrir une noix de coco…

Mais comme dans le cinéma de Nougaro… tout retombe en avalanche. Dès qu'on a quitté la Martinique, on rencontre des populations défavorisées, touchées par la drogue et l'alcoolisme.

Des êtres qui vagabondent, qui canotent, qui vivent de petits riens et semblent, comme le disait Aimé Césaire, *insoucieux de dompter, mais jouant le jeu du monde*. Dans son *Cahier d'un retour au pays natal*, il a fait l'éloge de la négritude et de son accord au vivant, à ses îles ardues des Antilles. La rencontre y passe toujours par la négociation des fruits de ces terres et de l'océan ; pain, poissons ou fruits seront dans la balance !

Pour le reste, il y a aussi, toujours, quelques embarras(ou pas) de la vie à bord : petites inondations si un hublot est resté ouvert au passage d'un *grain* (une pluie tropicale intense et courte), querelles des tours de vaisselle, dégustation des cadeaux venus du Nord de la France entre fictif et olfactif. Du lourd, du « snif », des livres et des fromages ! Des élans, des rires, des plongeons, des retrouvailles, des mets extraordinaires : oursins, goyaves, bananes, légumes, galette des rois, dorade coryphène… cherchez l'intrus !

A en devenir philosophes ou simplement humains : nous venons de partir, et déjà, nous savons que le voyage est d'abord un périple en soi-même. La bêtise humaine et inhumaine a touché Paris le quinze janvier, et avec elle la liberté de dire, de parler, de dessiner. Les attentats contre *Charlie Hebdo* dont nous avons eu l'écho le jour même, leurs déflagrations, nous touchent violemment.

Vivre sa liberté d'expression n'est pas toujours facile, et les dessinateurs et auteurs de *Charlie Hebdo* en sont morts. Mais vivre au bord de sa vie, sans passion, est certainement bien plus frustrant et difficile.

A peine sommes-nous arrivés à la Marina du Marin qu'un sourire nous interpelle du ponton : « Bienvenue, les *Vents d'Anges* ! ». Je devine Cécile qui nous a connus et encouragés sur les réseaux sociaux, Cécile qui veillait sur notre arrivée. Elle est autant gourmande que pâtissière et nous l'avons mise au défi de nous proposer un dessert créole revisité par ses soins.

Comme les Martiniquais sont des « becs sucrés », Cécile propose un gâteau encore à inventer pour notre rencontre, du virtuel au réel ! En fait, Cécile vient de s'installer avec Eric en Martinique pour une étape de vie plus exotique, et elle tient un *blog* de douceurs très réputé – *Au fil de mes recettes*, composé de plus de six cents desserts !

Mais elle nous avoue « qu'elle n'est pas bonne cuisinière » ! Plaît-il ? En grande gourmande, elle a rusé, et tout misé sur sa spécialité : le caramel qui dégouline. Réalisé ici avec du lait de coco et du sucre de canne, pour un effet très onctueux… Ainsi Cécile nous offre l'inédit *Vents d'anges Nana* : de quoi exciter ! Aux Caraïbes, l'ananas est divinement sucré, ode à ses origines amérindiennes de *nana-nana* qui peut se traduire par « parfum des parfums ». Nous humons sa venue sur *W-ALTER* pour un goûter avec vin… résolument exceptionnel !

Seulement, Cécile ne parvient pas à sauter à bord de notre bateau, victime d'une légère appréhension – les navires, elle aime surtout les voir venir et partir… sans elle ! Nous imaginons *illico presto* un plan B, non pas comme Bateau, mais bien comme « bar » ! Cela sera au *Kokoarum*.

Cécile, femme curieuse, qui livre ses doutes, ses peurs, ses « oui, mais »… et sa gourmandise. Cécile : une force de vie, dont j'admirerai toute la ténacité par la suite, dans son combat contre le cancer, sur lequel elle sera restée si discrète. Grande leçon d'art de vivre, subtil mélange entre « lâcher prise » et « tenir bon ».

Au Marin, épisode 2, nous nous réunissons donc à quai, au *Kokoarum*, autour d'elle, *la Nana !* Avec son gâteau ananas coco caramel, le « *Vents d'anges Nana* ». Notre appétit d'apprendre et de découvrir se vit au cœur d' une part d'entremet et d'un verre de vin blanc moelleux de Barsac, *Cyprès* de Climens. Son or clair décline fraîcheur et complexité aromatique, avec ses notes de fleurs blanches, d'abricot, d'agrumes, et d'ananas. Autant dire que le vin se fond avec le goûter, résultat de la mi-cuisson de l'ananas-coco, sucré d'une touche de caramel.

Cécile y aura incorporé les ingrédients de *mawtinic* : on décèle de la vanille et du rhum. Mais finalement, elle seule détient la recette ! Le vin vient ici souligner le fruit principal, l'ananas, par le rappel même de son arôme. Restant sur la fraîcheur avec ses notes d'agrumes et de fleurs blanches, c'est un allié raffiné à cette heure du goûter. La fusion étonne presque, mais elle provient de l'alliance des notes sucrées et simultanément rafraîchissantes.

Pour tout, merci Cécile.

Explosive Grenade

Visiter Grenada, c'est s'imaginer revenir à une époque où l'abondance de la terre et de la mer devaient suffire à rendre tout le monde heureux. L'entrée en matière – dépassées les formalités qui sont le jeu préféré des administrations locales – se fait dès l'île de Carriacou. Nous vivons quelques jours comme des Robinson sur *Sandy Island* avec nos copains des bateaux les *Sev on seas* et *Mariposa*.

Grenade : petit pays à l'histoire mouvementée. Découvert en 1498 par Christophe Colomb, puis difficilement colonisé par les Français. Ensemble, nous découvrons la capitale au cachet très européen, selon les volontés de Richelieu : Saint-Georges ! Les Britanniques en ont pris le contrôle à la fin du XVIIIe siècle, jusqu'en 1974. L'un de nos guides nous rappelle qu'un épisode communiste a été stoppé par les Américains en 1984… Lui s'en était échappé en sautant du haut d'un fort, et garde des cicatrices aux jambes. A ce moment-là, Olivier et moi avions treize ans, et Ronald Reagan parlait de troisième Guerre mondiale…

Maintenant, l'atmosphère y est incontestablement antillaise, comme en témoignent les *rasta men* et la musique *calypso*. Nous sillonnons l'île, tout serrés dans des minibus, contre les écoliers. Dans les rues, les passants *lime* (prononcez à l'anglaise !) sont nonchalants, badins. Terre et mer vibrent encore des voix des esclaves: Steeve mac Queen, le réalisateur, est originaire de Crochu, sur l'île, et a réalisé *Twelve years a slave*.

Nous apprenons cela en croquant la vie, comme toujours, et nous dégustons de nouveaux fruits : les *french cachou*… qui n'ont rien de *french* ni de *cachou* !… Mais sont des fruits rouges et aigrelets. Nouveaux légumes : les *calaloo*, les *patchoi* ! Mais surtout, des épices variées, et notamment, la muscade – préconisée contre le mal de mer !

En mer se trouve ici le premier musée sous-marin de sculpture au monde. Nous plongeons à la découverte de l'œuvre *Vicissitudes*, réalisée par l'artiste britannique Jason de Caires Taylor… Comme les coraux, les personnages sculptés évoluent... voire se dégradent. Ce mausolée sous-marin pour les victimes de la traite, nous émerveille autant qu'il nous intrigue.

C'est vraiment un ensemble explosif, cette Grenade d'un autre temps. Nos bateaux copains nous ont accompagnés au cours de… haltes pour errer ! Les enfants ont eu de chouettes compagnons durant quelques jours… et nous ne pouvions plus reculer devant l'envie collective d'un accord de nos *Vents d'anges.*

Les *Vents d'Anges* font dans le *co-* ! *co-dinghy*, *co-lunch*, *co-wine*, *co*-opérative et *co*-inspiration ! C'est grâce à la *co*-écriture que nous mettons en avant le magique accord mets et vin, accord découvert chez Ann à Hilsborrough, sur l'île de Carriacou ! Ce sont mes copines-bateau, avec qui nous avons vécu ce bout de navigation et de *Vents d'anges*, qui se collent au retour sur expérience : Sandrine de *Sev on seas* et Laurence, de *Mariposa,* auront été mes précieuses *co*-rédactrices.

Ann nous accueille à l'entrée de son petit restaurant. Devanture orange pâle. Elle nous demande d'emmener les chaises de l'autre côté de la route, autour d'une grande table de jardin posée sous les cocotiers, et y ajoute une belle nappe blanche brodée. Morceau de plage inattendu pour un déjeuner : les pieds dans le sable et face à la mer, un moment extraordinaire !

Olivier a prévu les verres, objet tellement chic de *W-ALTER*, soigneusement emballés dans son sac étanche ! Pour fêter le vin, nous entonnons un ban bourguignon, l'un des capitaines de bateau copain étant originaire de Dijon ! Les enfants boivent un jus de *sorrel*, une fleur rouge locale, cependant qu'Olivier débouche le *Petit Corbin Despagne*.

Elle a belle allure, Ann, avec son pantalon blanc, sa veste blanche, son t-shirt et ses boucles d'oreilles orange. Ann a le port altier, est discrète, mais fière de son art culinaire. *Enjoy my meal* ! *You've got a so lovely exchange!...* s'exclame-t-elle en goûtant le vin. Selon elle, son prénom illustre sa personnalité profonde : Ann, comme Hannah, est *full of grace, mercy and prayer !*

Ann qui ose avec nous un petit décalage : *In wine, we trust, W-ALTER !*

L'assiette est garnie de riz jaune, de citrouille au gingembre, de salade et de viande – poulet en sauce, pour les enfants, et chevreau en ragoût pour les adultes. Le *Petit Corbin Despagne* s'accorde plus qu'agréablement au cabri. Nous testons ensuite le *Grand Corbin Despagne* qui a une maturité supérieure, et se montre plus long en bouche, divin ! Stimulés, nous participons volontiers à la dégustation d'un Sauternes premier cru et d'un Cognac, apportés par un ami. Le tout avec de l'excellent chocolat de Grenade.

Ann partage un verre avec nous. Mais elle ne s'attarde guère, trop pressée de préparer le dessert : une boule de glace avec du *Christmas cake*. Elle se prête à quelques images, mais insiste pour garder son torchon sur l'épaule afin de marquer son *rang de cuisinière*.

Co-signature : la France nous regarde... pourquoi avoir traversé l'Atlantique ? *If you want to go fast, go alone, if you want to go far, go together!* " - *Sandrine et Laurence.*

Repéré sur pattes la veille en bord de route, c'est bien un cabri grillé et ses légumes locaux qui vont nous mettre en appétit et nous enivrer totalement. Cela peut sembler une triste réalité vraiment toute crue, mais c'est là, surtout, l'occasion de découvrir la viande préférée des îliens. Viande belle, grasse et odorante, avec un caractère marqué. Il nous fallait trouver un vin avec du répondant, de la matière. Toujours à la recherche de l'équilibre, c'est la distinction de l'accord qui doit primer !
Nous déclinerons alors notre gamme *Château Corbin Despagne, Petit*

Corbin et Grand Corbin ! Ce sont des Saint-Emilion Grand Cru, de la rive droite de Bordeaux.

Deux bouteilles sœurs pour un moment fraternel : le *Petit Corbin* a un œil tendre pour un nez fruité. Il est prêt à déguster, déjà très équilibré. Le *Grand Corbin*, de couleur plus dense et concentrée, offre un nez complexe, épicé et boisé. Il annonce profondeur et élégance !

C'est un double accord : nous avons souhaité comparer ces deux vins, du même millésime, alliés à un même plat. Comme un mariage de cœur et de raison à la fois ! C'est avec une introduction fruitée et gourmande que nous avons égayé les papilles en associant aux vins cette viande au caractère particulier. Suavité des tannins et fondant de la viande se sont savamment mélangés.

Nous avons poursuivi crescendo avec le *Grand Corbin*. Si le *Petit* est délicieux, le grand est majestueux. Le registre n'est pas le même ! Plus complexe et plus profond, c'est sur le goût trempé du cabri que le mariage des goûts du vin et de la viande devient sublime. Fruits noirs, notes boisées, élégance et matière élèvent ce plat simple au rang de la gastronomie. Le temps et le voyage le révéleront, encore et encore…

Union Grenadine

…Vous c'est l'eau c'est l'eau

Qui vous sépare

Et vous laisse à part…

… Les Grenadines, un archipel de paysages et de sensations idylliques. Avant notre départ, elles représentaient déjà pour nous l'archétype du paradis tropical, et toutes les rimes et mélodies avec les Grenadines me faisaient rêver. Mais évidemment, nous ne serons pas seuls à les siroter.

« G » Comme Grenadines… avant le « H » des *Horse Shoe Reef*, la barrière de corail des *Tobago Cays*, un « fer à cheval » porte-bonheur qui invite à contempler le beau. Une sorte de *place to be* pour voiliers : il y a foule de bateaux au Paradis ! Sable blanc, eau limpide et chaude sur fond d'émeraude, vent joyeux, palmiers mordorés, top cocktail. Ajoutons des barrières de corail, des palmes et un tuba… Nous admirons encore et encore le madrépore, univers de couleurs, monde vivant, refuge d'un quart des poissons de l'océan ! Il est fascinant de penser que, déjà, un quart des coraux ont disparu. Notre attention est souvent alertée par la pollution tant des terres que des eaux : un voyage sur la planète, c'est aussi un éveil (im)permanent, et un éveil à l'impermanence.

Notre première escale Grenadine se nomme *Union*.

Nous faisons notre *clearance* sur l'aérodrome, nous observons le lien essentiel entretenu par les petits coucous en cas d'urgence médicale, par exemple, avec les autres îles ; dans ce mini aérodrome, nous devons nous présenter à une ribambelle d'agents. Et, selon l'humeur, c'est amusant ou… grotesque !

Béquia et Mayreau seront deux autres étapes pour nous : la première est la plus grande des îles des Grenadines – elle mesure à peine vingt km² –, qui se sillonne facilement entre la pittoresque capitale Port Elisabeth, et Friendship Bay. Ici, les habitants ont le droit de chasser quatre baleines par an. Mais aucune d'entre elles n'est passée l'an dernier.

A Mayreau, une seule rue principale entre les deux baies de ce « caillou » là, une petite église qui donne la direction des *Tobago cays*.

Escale Grenadine… où l'on vit intensément ceci : *Nous venons de la mer et ne savons vivre sans la terre : l'île est le compromis ultime … C'est le spectacle de la lumière partout dans le monde, à chaque fois nouveau pour soi… le plaisir surtout.* – Olivier de Kersauson

Alors, encore une grenadine, s'il vous plaît ! Tout en préférant une nouvelle union des *Vents d'anges*, quand même.

A Union, en rencontrant Linda, nous sommes embarqués dans une autre vie, celle des Français qui ont choisi de s'installer au bout du monde. D'emblée, nous apprenons que Linda a deux passions : la cuisine et le yoga. Ouverture aux autres et à soi. Sur cette île d'Union, les mots que Linda préfère sont *Universel* et *Unique*. Le ressenti saisissant qui m'a traversée en sa présence, c'est que Linda est solaire, généreuse, facétieuse, franche, volubile. Unique, mais aussi, par milliers de fragments infimes, universelle, me faisant songer à toutes mes amies : elle aime (elles aiment) rire, goûter, bavarder, jardiner, voyager, méditer, s'essayer, réfléchir, danser… vivre !

Aussi vit-elle avec les deux mille habitants de l'île et non, à côté, d'eux.

Il était une fois une petite parisienne qui aimait toucher, émincer, triturer, malaxer, réduire… Il était une fois une petite fille dont l'arrière-grand-mère était chef saucière en Charente… Une petite fille dont les grands-parents laissaient concocter des petits repas de fêtes improvisés toujours « cuisine du monde », avec une préférence pour le marché *thaï* des Frères Tang...

Mais à la fin, la capitale, c'est étouffant ! Heureusement, la petite fille a grandi et a croisé Nicolas, son *Peter pan*, qui l'a emmené sur L'île des enfants perdus : un ailleurs minuscule, et où toutes les rencontres sont possibles. Depuis près de vingt ans, Linda vit aux Grenadines. Où elle a développé *Captain Gourmet*, le must de l'épicerie fine, loin de tout... une cuisine que ses beaux-parents avaient imaginée pour satisfaire les marins de passage ! Linda choisit la fraîcheur, les fruits et légumes locaux, les chocolats, les thés, le fromage... et l'huile de coco – même dans la mayonnaise ou dans le fondant au chocolat.

Perchés sur les hauteurs ciselées d'Union, nous abordons une belle terrasse aérée : l'endroit rêvé pour reprendre son souffle – souffle essentiel dans le yoga et pour l'aération des vins ! Linda insiste pour dire qu'elle a fait « tout simple »... tandis que Nicolas nous révèle qu'elle est active depuis sept heures du matin.

Installés dans cet ailleurs épuré et zen, nous percevons toute l'ampleur de la philosophie de vie de notre amie : tant dans les postures du yoga que dans sa cuisine, Linda est à la fois en mouvement et à la recherche de l'équilibre. Elle recherche l'harmonie entre la fermeté « le croquant-craquant-épicé » de la vie – nous aurons de la salade de mangue verte, des rouleaux de printemps, un curry rouge thaïe, de la sauce basilic – et la douceur « le léger-moelleux-tendre » - des fruits en smoothies *Union Kiss*, de petites aubergines, de la sauce cacahuète, du *cheesecake*.

Tel un maître yogi, avec elle, nous habitons entièrement notre moment en recréant une unité entre l'esprit tout en conscience et le corps ravi de saveurs sensationnelles ! L'accord comparé avec nos deux vins choisis pour cette soirée témoignera aussi

gative
00
00

d'une grande présence, presque de la lumière ! Linda incarne l'intégrité de ses deux passions. Elle nous a semblé toujours curieuse et positive… « Une allumée », pour ses beaux-parents qui nous l'ont présentée !

Sa vraie force tient certainement à une grande faculté d'adaptation : apprivoiser la vie chaque jour, motiver son équipe féminine dans sa jolie boutique de *Captain Gourmet*, expérimenter toujours plus loin les cuisines du monde, créer des cours de yoga à Union, être une maman et une femme aimante, sur un bout du monde ou sous une pluie de *geckos* – des petits lézards qui nous sont tombés dessus en fin de repas !

Chez Linda, c'est un repas complet qui nous est préparé avec une grande attention, de l'entrée au dessert : *carpaccio de Thon frais huile et basilic, curry rouge de Dorade coryphène, cheese-cake revisité.* Nous partirons sur un double accord, mais cette fois en marquant une différence de région, de cépage, de vendanges… *Les temps perdus* de Clotilde Davenne, A.O.C. Saint-Bris. Un sauvignon qui possède un nez frais sur des zestes d'agrumes, une belle minéralité, et une bouche végétale, qui se décline selon une palette raffinée. Et… les *Cyprès de Climens,* Appellation Barsac – Second vin du 1er cru Château Climens, vin blanc liquoreux de cépage sémillon. Or clair, ce vin décline fraîcheur et complexité aromatique, en passant par des notes de fleurs blanches, d'abricot, d'agrumes, et d'ananas.

Nous tentons donc deux accords très différents sur un même plat. Le Saint-Bris jouera davantage avec la fraîcheur et l'acidité. Le Barsac, en contrepoint, devrait apporter son accord avec ses notes plus sucrées. Tous deux partent à la rencontre d'une recette de style asiatique, assez relevée.

Au-delà du plaisir partagé de ce plat bien préparé, jouant sur le raffinement des épices, et non sur la puissance, ce sont deux mariages méritant chacun le détour.

Les temps perdus aura mis en évidence la chair tendre de la dorade coryphène et souligné le côté herbacé du plat. Sa fraîcheur est

venue équilibrer ce plat riche en goûts. Nous avons également profité de sa vivacité sur le carpaccio de thon, le vin soutenant les saveurs fines de la mer, se conciliant avec ce poisson riche.

Ensuite le Barsac du château Climens nous aura ravis, avec un beau mariage, et une autre palette. La douceur de ce vin forme un beau couple avec les épices du curry rouge, un bel équilibre par différences. Sa complexité aromatique sur des tons d'agrumes et d'ananas, gardant la fraîcheur au palais, s'associe parfaitement avec ce plat aux saveurs abondantes.

Nous avons également eu l'occasion de profiter de son accord avec le dessert. Sa douceur naturelle, sans trop d'opulence, s'ajuste également très bien avec le sucré de l'entremet. Ces deux vins ont trouvé leur lien avant ou après le plat principal, avec des notes franchement différentes.

Pour *Les Temps Perdus*, nous ressentons le ruissellement de l'eau d'une fontaine végétale en terrasse, tandis que pour les *Cyprès*, cela sera la douce chaleur d'une nuit d'été...

Année. Lumière fêtée à la foudre

Aborder une nouvelle île, c'est d'abord voir une ombre au lointain, un profil à l'horizon.

Ombre et lumière, comme en toute approche.

J'ai retenu que nous vivions au moment de notre traversée, 2015 est *L'Année internationale de la Lumière,* une année commémorant des événements importants : en 1815, Fresnel publie son premier ouvrage introduisant la théorie de la lumière définie comme une onde. En 1915, Einstein a montré de quelle façon la lumière était au centre de la structure même de l'espace et du temps.

J'aime découvrir de nouvelles choses, futiles ou grandioses ; sinon, j'ai toujours la crainte d'abandonner mes neurones au « lâcher prise » du voyage ! Je ne me refais pas, je progresse un peu... L'infiniment grand, l'infiniment petit, les ondes : nous sommes sensibles à tout ce qui illumine nos jours et nos nuits en traversée... Et nos dernières escales sont emplies d'instants lumineux, pêle-mêle de lumières diffractées entre La Dominique, Marie galante et les Saintes !

En Dominique, vaste île montagneuse et sauvage, nous redevenons des amoureux de la nature entre bateaux-copains : au sud, éblouissement de cascades, de fumerolles, des eaux bouillantes ou ultra fraîches.

Au cœur du Parc National, secoués par une intense pluie, nous avons été saisis par « la vallée de la désolation » : une exception dans la luxuriante végétation de l'île où les émanations de vapeur sulfureuse ont anéanti toute verdure. Les glissades dans la boue étaient un peu éreintantes, la lumière très discrète, en cette *rain forest*. Une forme de désolation... Nous avons aussi sillonné une rivière bordée d'entrelacs et de racines géantes où vivaient les Amérindiens.

Ensuite, droit vers *Marie-Galante*, avant d'arriver aux *Saintes*. Le dépaysement est garanti, tout comme le jumelage avec *Belle-Ile* évident : île galette, ou *kouign-amann* toute ronde, posée sur la mer ; île où il a plu quelquefois. Heures mauves, heures battantes. Le charme agit d'autant plus facilement que trois rhumeries et deux anciennes plantations sucrières égayent notre route : enivrant et prenant. Cannes à sucre à perte de vue ponctuées d'étonnantes mares, de belles vaches et de cochons plantureux, ainsi que de surprenants vieux moulins qui blanchissaient autrefois la canne à sucre.

Que font-ils là ? Au milieu du XVIIe siècle, ce sont les Juifs chassés du Brésil qui ont introduit ici la technique de blanchiment du sucre grâce aux moulins à vent. La Guadeloupe et ses dépendances deviennent le centre de la culture sucrière, livrée en France pour être ensuite réexportée dans toute l'Europe. Cela participe directement du commerce triangulaire : de l'esclavage. Cette économie déclinera à partir du blocus continental instauré par Napoléon contre l'Angleterre en 1806 : les navires des colonies sont empêchés ; et déjà, le sucre de betterave prend son essor au nord de la France. Une mondialisation vue à travers un morceau de sucre.

Enfin, aux Saintes, Nous nous sommes nichés à l'abri d'un pain de sucre, nous avons grimpé aussi à dos sur un *Chameau* : tout est possible. Ce *Chameau* est le point culminant de Terre-de-Haut, île *saintillante* – très touristique, aussi. L'une des « plus belles baies du monde », où Français et Anglais se sont encore combattus.

Après une nuit de pleine lune, bifurcation vers Terre-de-Bas, l'autre part des Saintes, totalement tranquille. Beaucoup de lumière en tous ces lieux, et de petites taches… au réveil après une soirée trop *ti punchée,* ou quand une brume venue du Sahara couvre *W-ALTER* de poussière brune… et quelques ombres au tableau idyllique, quand nos amis nous manquent.

Ami, ami, lève ton verre !

…Nous arrivons sur le catamaran *Catanelo*, notre voisin de mouillage, ancré comme nous au pied du *Pain de sucre* sur l'île des Saintes, en Guadeloupe. Virginie et Stéphane ont eu vent de nos agapes et se sont portés volontaires pour nous emmener en voyage culinaire… en Suisse !

J'abandonne sur une chaise le journal du matin,

les nouvelles sont mauvaises, tout va mal

me chante Stefan Eicher, l'une de mes références suisses qui nous propose de « déjeuner en paix », de prendre un temps, de s'ouvrir au monde comme on peut.

Nous sentons que notre projet recueille une audience internationale. Encore faut-il disposer à bord des ingrédients « typiques ». Le premier repas de notre périple sur un bateau d'ailleurs se fera chez un voisin helvète. Si loin, si proches : en métropole, la Suisse est notre voisine. Mais nous la connaissons si peu. Pourquoi ne pas, ce soir, « dîner en paix » ?

Récemment ravitaillée, Virginie nous propose de nous régaler d'une fondue ! Et pour cette soirée, une petite laine s'impose : nous devenons frileux, à plus de 20° ! Cette invitation est donc un vrai cadeau, d'autant que nous percevons la sympathie de Virginie à l'égard de nos *Vents d'Anges*… Affinités profondes : dernièrement, en Suisse, Virginie a offert à Stéphane une dégustation des dix meilleurs crus de Bordeaux et aimerait ouvrir prochainement une table d'hôtes.

Dans leur baluchon, en montagne, ils emportent leur caquelon de terre cuite et le meilleur fromage du Jura Bernois, celui de Costebert… Si un bout de pain chute dans l'onctueuse préparation, le gage est une bonne bouteille… Nous avons anticipé, avec ces amoureux du vin.

Le passionné Stéphane a rêvé son escapade en voilier alors que Virginie est aussi peu à l'aise que moi sur l'eau. Pour elle comme pour moi, très peu d'expérience, beaucoup d'émotions, le mal du Lac Léman, et une irrésistible sensibilité aux bras de Morphée quand les voiles et le vent s'animent. Une *W-ALTER ego* !

Tous deux ont su composer une escapade équilibrée, mais intrépide, tout comme eux. Ils auront sillonné le grand ouest américain en truck, puis découvert l'arc antillais en bateau. Virginie est une force juvénile : elle veut « vivre et être soi-même » comme le dit l'idéogramme chinois qu'elle s'est fait tatouer… Et en chinois, l'idéogramme « humanité » est signifié par deux êtres : Virginie et

Stéphane illustrent cette belle idée que l'humanité réside dans la relation, la curiosité tournée vers soi et vers les autres ! Deux êtres impliqués, indulgents, recentrés sur leurs *en-vies* et leur année voyageuse, avec leurs deux filles jumelles.

Surprenants et iconoclastes, ils nous suggèrent de déguster la fondue avec un vin rouge… Mieux vaut boire du vin rouge que broyer du noir ! Sur leur voilier, nos hôtes sont amoureux, curieux et partageurs… Tellement que j'imagine déjà Virginie écrire *Du lac à l'océan…*

Sur Cataleno, quelque part aux Caraïbes, là où nous pourrions rêver d'accras, de boudins créoles et de langoustes, un cadeau lacté du ciel nous attend : le trio gruyère suisse, vacherin, fribourgeois pour une incontournable fondue suisse *sous les sunlights des Tropiques* !

Un premier vin rouge, le château *Haut-Gazeau*, est choisi pour son bouquet fruité et son côté toasté, vanillé, point trop tannique… qui doit permettre d'accomplir un accord classique avec les fromages. Ce sera plutôt différent de l'accord avec un vin blanc sec suisse ou de Savoie, du Jura ou d'Alsace ! Ici, le rubis profond d'un Lussac Saint-Emilion rassemble merlot et cabernet franc. Son côté fruité, légèrement toasté, amène un ton original sur notre palais, respectueux du mets ! Et ce beau vin pourrait même faciliter la digestion de ce plat… riche.

Sur un second caquelon, un vin blanc, liquoreux, *Les Raisins confits* du Domaine Musset-Roullier, viendra, par contraste, proposer sa rondeur à ce plat consistant. Ce chenin des Coteaux de Loire arbore une couleur vieil or, un nez de raisin de Corinthe, de miel, de fruits exotiques. En bouche coing et sureau se découvrent, comme en gelée, au travers d'une épaisseur équilibrée avec une finale acidulée. Les notes miellées soutiennent particulièrement le fromage !

Cette double tentative tout a contrario des accords classiques s'est révélée très intéressante pour qui aime le vin rouge avec le fromage, le contraste avec une cuisine à base de vin blanc sec, et la douceur d'un vin liquoreux – quand la fondue est préparée avec des fromages de caractère d'origine. Une chouette progression qui aura, somme toute, bien désacralisé l'accord traditionnel avec le vin blanc des hauteurs !

Nous étions au niveau de la mer, mais baignés par l'atmosphère de l'ailleurs.

Répliques et rapplique chez Arlette

Au fil de nos jours, j'essaie de figurer à quoi ressemble notre quotidien, en m'inspirant de quelques formules *culte* de cinéma.

Chaque jour, nous découvrons un lieu ou une personne, surpris constamment par une autre manière de faire ou de voir. Les ordinateurs sont parfois éteints (faute de connexion), les portables en mode silencieux, les cartes bleues un peu moins sollicitées par la mode.

Mais de vieilles et bonnes répliques donnent à percevoir notre vie. Est ce que l'on s'ennuie ? C'est *La croisière s'amuse*. Nous vivons une vie différente, tonifiante, vraiment alternative… mais ce ne sont vraiment pas des vacances ! Notre nouveau mode de vie semble insaisissable… D'aucuns nous avaient prédit des moments d'ennui, parfois ; mais sincèrement, on n'a pas encore beaucoup touché à la guitare, aux mandalas ou aux points de croix. Notre vie est dense et riche à millions, à bord de *W-ALTER*, à millions de perceptions… Nous vivons une vie différente, tonifiante, vraiment alternative… mais ce ne sont vraiment pas des vacances !

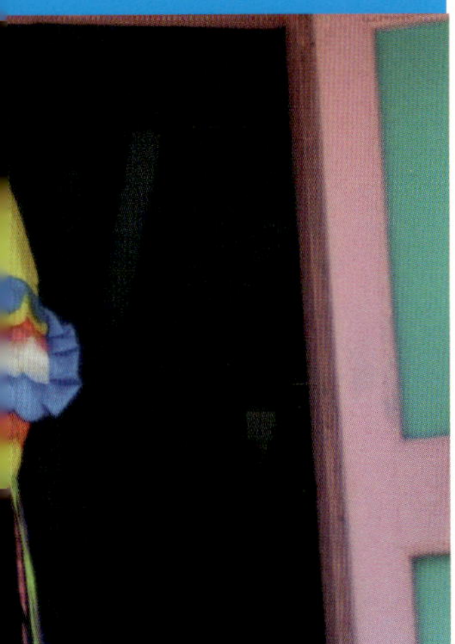

Notre rythme actif est aléatoirement réparti entre navigations et entretien de *W-ALTER*. Et plus un espace est petit, plus il faut être ordonné ! Nous passons donc du temps à l'avitaillement varié, et au rangement ingénieux sous les sièges, comme dans les coques. Parfois on peut jouer à la maraîchère dans la coque tribord : au pied de notre lit, carottes, tomates et aubergines nous donnent de beaux rêves ! Enfin nous sommes aux fourneaux entre la cuisine et la boulangerie, aux lessives, aux explorations des fonds marins et à la pêche – quand elle est autorisée.

Reste que les cours des enfants – et pas seulement en œnologie ! – sont le seul incontournable de notre quotidien, entre autonomie, bulletins et échanges multilingues, ou presque. Comme dans chaque famille.

On réserve aussi de l'énergie à l'accomplissement de notre périple associatif. Classiquement, les femmes sont mises en valeur par des parfums, des bijoux, voire de la haute couture… Nous, nous les faisons briller grâce à nos précieux flacons ! Nos rencontres sont le fait d'heureux hasards, et sont toujours un émerveillement, après quelques savants préparatifs entre la cave de *W-ALTER*, le rafraîchissement du vin, et l'acheminement de notre équipe de reporters dégustateurs « chic et choc ». Olivier peaufine les accords. Ensemble, nous jouons au *Nez du vin*, et régulièrement j'enrichis notre galerie de portraits.

« *Si j'aurais su, j'aurais pas venu* ! », me rappelle le petit garçon de *La guerre des boutons*… : est-ce que l'on s'étripe ? On remarque que beaucoup de familles de capitaine vivent (et dorment) dans le rêve de ce dernier. Toutefois, l'expérience fantastique, qui ne l'est pas toujours, est tout de même partagée par des femmes en bateau, figures de proue essentielles à la réalisation d'un rêve de vie. Selon moi, la complémentarité des personnalités s'intensifie chez tous les couples. Mais parfois, ça chauffe aussi… Des bilans s'imposent ! On essaie de passer outre les « Vite, dépêche-toi ! » qui sont encore spontanés en manœuvre.

Les échanges entre nous tous, et avec les bateaux copains, ne sont donc pas « bateau » du tout : ivresse de livres, de bonnes recettes de cambuse, recommandations d'escales ; et, avec nos *Vents d'anges*, exploration des *curriculum vinae* ! Quant aux enfants à bord, ils vivent des temps très enrichissants… mais ce n'est certainement pas à nous qu'ils vont le confier. Nous gardons en tête que ce n'est pas facile d'être adolescent, ici ou ailleurs. Quelques plongeons et sorties shopping, croissance oblige, désamorcent les disputes éventuelles. Les discussions en bandes de jeunes sont aussi pour eux une source de gaieté. Ils luttent contre *Les dents de la mer*. D'abord impressionnés par les Barracudas, ils s'attendent désormais à nager avec des requins !

En mer aussi, chaque personne reste une énigme et un mystère, même quand elle fait partie de nos intimes. Ce qui peut mettre du vent dans nos voiles ou quelques tempêtes… « Personne ne bouge, j'ai perdu ma cervelle ! » - *Pirate des Caraïbes*.

Le grand défi est de se retrouver face à soi-même et aux éléments, dans un espace étroit… En même temps, la terre devient notre jardin, et la mer notre bassin. Lors de certains mouillages, nous sommes seuls au monde, liés plus fortement à la nature, avec des monochromes hypnotiques de bleu, des vents et des houles… qui peuvent rendre « maboules » !

Nous vivons davantage avec la lumière du soleil, et un peu de langueur, quand il fait vraiment chaud. Les plages du nord ou de Bretagne qui ont fait nos apprentissages sont bien lointaines ; et nous les imaginons glaciales !

Moins d'informations, moins d'intoxications, moins de bouchons, moins de conventions, plus de moments essentiels ou de petites galères. Tout l'équipage apprécie beaucoup la lecture : entre romans, bandes dessinées, philosophie, et les *Gouttes de Dieu*, le *manga* le plus étonnant sur l'univers des vins. Comme l'explique Stéphane Ferrand, directeur de collection chez Glénat, qui publie la série, ce livre est « un habile mélange entre *Le Vin pour les nuls* et un polar qu'on a du mal à lâcher. » De fait, les auteurs ont parfaitement réussi à appliquer l'efficacité des techniques narratives du *manga* au monde du vin, en étant à la fois décomplexé, et totalement vivant.

« *Sur un malentendu, ça peut toujours marcher.* » – *Les bronzés.* Aux escales, nous n'hésitons pas à aller vers les autres voiliers, et la complicité s'établit rapidement. Un rythme alternatif, déconcertant, étonnant. La fête et le jeu, de *Chabada* à *Dixit*, font partie du voyage, et l'apéro est une institution, tout comme les rhumeries font le patrimoine des îles antillaises. Nos rencontres en *Vents d'anges* sont évidemment festives ; mais elles sont surtout interculturelles et surprenantes, et de vrais moments de dégustation. Nous n'en revenons pas d'en avoir déjà vécu autant !

Et nous attendons déjà les fêtes à venir : se cacher des cyclones, croiser une baleine désespérément, aller vers Antigua, Barbuda, vers les Îles Vierges Britanniques, vers Cuba, faire d'autres rencontres, chanter et danser à bord…

« C'est curieux, chez les marins, ce besoin de faire des phrases… » - *Les Tontons flingueurs.*

Alors je résume : est-ce qu'on s'ennuie, est ce qu'on s'étripe, est ce qu'on perd ses repères, est-ce qu'on abuse ? Oui, parfois… et qu'est-ce qu'on se régale, souvent !

Il est temps de faire une pause gourmande : nous sommes invités chez Arlette, personnage haut en couleur de Terre de Bas, île des Saintes. Arlette est une ancienne restauratrice qui n'hésite pas à remettre le couvert quand l'occasion se présente, et nous accueillera avec un menu typique : des boudins créoles pour allumer l'appétit, puis une dorade à la crème aux amandes et noix de coco.

Le vin rosé de Reuilly de Jean-Michel Sorbe est entièrement constitué de pinot gris, ce qui est assez rare pour être souligné ! Il s'agit d'un rosé gastronomique : d'une couleur rose cuivrée, le nez se concentre sur des petits fruits rouges – fraise et framboise.

En bouche, fraîcheur et matière rappellent ces notes fruitées, avec une finale telle un bonbon anglais.

Ce vin amène de la fraîcheur, en conservant une belle structure pour accompagner une entrée épicée et un plat de poisson crémeux. L'apport des fruits rouges viendra égayer les papilles. La structure vineuse et la finale acidulée du vin complètent le poisson dans sa crème « locale ». L'accord se joue sur des saveurs différentes, en fraîcheur et en structure. Pourtant en couleur, nous n'avons pas assez profité de ce rose cuivré !

Avec quelques gorgées de *Sorbe*, le moment reste néanmoins sobre, tout en soleil et en bien-être. Une autre manière de vivre les « Likez », « Partagez », « Soyez amis », avec le Rosé Social ! Plutôt qu'un *post* qu'on commente, c'est une situation que nous vivons et éprouvons.

De quoi songer à tous nos levers de soleil, dans la fraîcheur de l'aube.

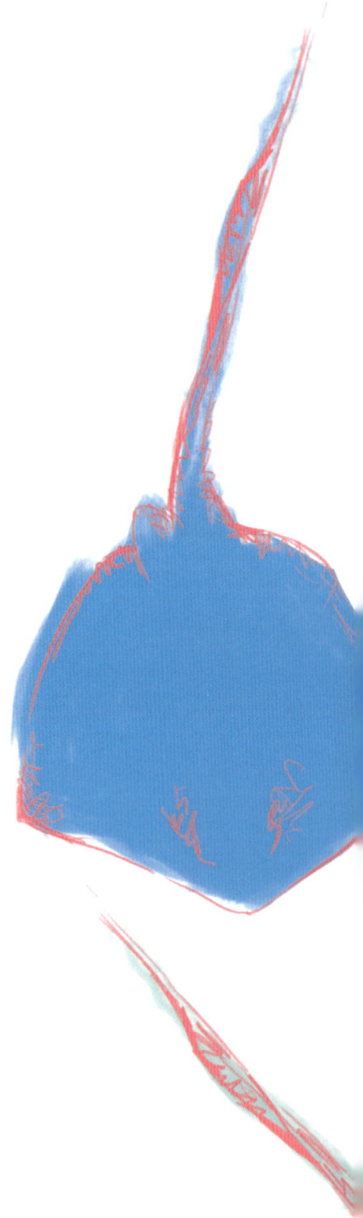

James Bond Girls

Quittant peu à peu les Petites Antilles, nous naviguons le long d'Antigua et Barbuda. Nous faisons une petite pause d'approvisionnement sur l'île franco-néerlandaise de Saint-Martin avant de prévoir notre dernière escale aux Îles Vierges britanniques, un archipel qui forme de véritables lacs intérieurs, des champs de coraux et des paysages oniriques. A nouveau nous avons eu le souffle coupé. Mais je retiendrai aussi que la moitié des cyclones antillais aura sévi ici – nous nous sommes donc habitués à dormir dans un paysage de carte postale tout en restant vigilants !

Regardons un peu en arrière : nos tribulations ressemblent un peu à la machine à laver en mode essorage : alors, il faut penser aussi au temps de séchage, nous imprégner des changements de teintes, nous demander ce qui a effectivement changé en nous depuis notre départ.

Nous prenons vraiment chaque jour comme un nouveau départ. Avec les vents, la mer, et même avec nos accords, rien n'est jamais acquis, tout reste à percer ! Et s'apprivoiser en famille sur un bateau relève du défi quotidien. Qui plus est, le capitaine a accepté de vivre cette saison aux Antilles afin que l'équipage s'amarine.

Nous sommes devenus un peu plus patients : faisant vraiment une chose après l'autre, et en nous préparant à être prêts : à la vague, à l'apéro, au saut des dauphins, à un petit grain, à *prendre un ris* – diminuer la voilure par vent trop fort –, à se lover dans le *spi* capricieux – cette voile légère qu'on doit aider à ranger.

Nous savons plus que jamais moduler nos espaces : la cuisine se fait bureau, le garde-manger est aussi notre chambre, la cave à vin est sous la ligne de flottaison… Finalement, on vit très bien dans un espace beaucoup plus petit qu'une maison.

Nous suivons un rythme plus proche de celui du soleil, et le capitaine se lève plus tôt en mer qu'à terre. Nous espérons aussi devenir progressivement moins terre à terre du haut du mât, en lâchant enfin quelques croyances inutiles – « Je ne vais pas y arriver ! ». Nous sommes intimes des arcs-en-ciel, et il est pour nous féerique de vivre loin des cieux bas et gris.Nous plongeons pour nous laver à l'eau de mer ou pour faire la vaisselle : en plein air, sur le pont, face à l'océan ! Est-ce qu'une douche (même italienne) pourra nous donner ces sensations ? Seules les sargasses peuvent nous agacer. Aux Îles Vierges britanniques, nos contacts avec la population ont été plutôt réduits, et les enfants ont préféré se mettre à la plongée avec de nouveaux bateaux copains expérimentés. Un nouveau monde s'ouvre à eux.

Nous vivons presque toujours pieds nus. Quant à enfiler un jean, on ne sait plus ce que c'est. Au quotidien, nos chiffres ont changé : combien de *miles* avons-nous parcourus ? Quels sont l'angle et la force du vent ? Qui fera les quarts ? Quel est le taux de change entre l'euro et les monnaies locales ? Combien reste-t-il de kilos de farine ou de litres de lait ? On ne peut plus parler de vitesse sans faire des nœuds !

Nous n'utilisons plus de sèche-cheveux, plus de fer à repasser – même si Olivier en a acheté un, miniature, pour les soirées à passer avec des ambassadeurs… plus vrais que ceux de Ferrero ! Plus de télévision, plus de jeux vidéo… sans que nous ne nous en sentions privés.

Nous faisons de vraies listes de course, car il faut tenir plusieurs jours. Et sans jamais oublier les bananes, le fruit roboratif qui a l'avantage d'avoir le même goût à l'ingestion… qu'au moment où il doit être éventuellement rendu ! On invente beaucoup de recettes selon la pêche, les ingrédients locaux, les épices, l'humeur de la pâtissière en chef – Inès.

Nous savons qu'un bateau neuf requiert chaque jour un peu de bricole… bricole à laquelle le capitaine se colle. Et de l'entretien : c'est encore lui qui lève la grand-voile, exercice tonique et musclé dont il tire visiblement les bénéfices. Le reste de l'équipage n'y parvient pas encore.

Nous songeons souvent à nos partenaires, à les remercier de contribuer à nos *Vents d'Anges*, cette possibilité unique, mesdames et messieurs, d'aller vers de vraies rencontres, de vivre un moment inoubliable !

Plus de bouchons, mais la musique du tire-bouchon !

Carlisle Bay, une baie d'Antigua, un mouillage turquoise, un complexe hôtelier luxueux sur la plage... A l'accoutumée, Inès et moi décidons de quelques brasses rafraîchissantes en fin d'après-midi. Nous sortons de l'eau un peu comme dans les films de James Bond… Mais restons modestes, nous ne poursuivons aucun *bad boy* !

Un homme surgit et s'adresse à nous : sommes-nous les filles de

W-ALTER ? Quelle est notre aventure ? Et pourquoi *W-ALTER* ? Sans *chewing gum* dans la bouche, mais en prononçant presque à l'américaine, on parvient à expliquer qu'on vit une autre (*alter*) expérience avec l'eau, le vin, les femmes, le monde, *with water, wine, women, world*. Notre texan *Warren* semble subjugué… Mais déjà on se quitte, en petite foulée sur la plage pour Inès et moi… juste le temps de se faire siffler par Warren. Ah, les Texans !

Je reviens vers lui pour lui signifier que je n'ai pas l'habitude de me laisser siffler ! Il sourit et s'excuse en m'assurant qu'il est lui-même « cerné » de filles… Justement avec son épouse Monica et ses deux filles, Warren souhaite partager un accord mets et vin le soir même, dans l'un des restaurants du *resort*. Je nage encore (mais en anglais cette fois !) pour être sûre d'avoir bien compris. Notre hôte impromptu a réservé la « table asiatique », la préférée de sa famille. Inès et moi acceptons avec enthousiasme de dénicher le vin qui honorera cette soirée « de luxe » qui nous est offerte.

De retour chez *W-ALTER*, nos hommes émettent d'emblée de sérieux doutes sur ce que nous avons compris ! Néanmoins Olivier se réjouit aussi de présenter l'une de nos belles bouteilles aux charmants et curieux Américains : avec le vin, tout est possible ! La nuit venue, nous rejoignons le complexe hôtelier. Cela nous changera de la vie en voilier et des décors habituels des îles : un lieu plutôt aseptisé, soigné, *design*, avec lumière tamisée. Passés derrière une lourde porte rouge, nous entrons dans l'espace culinaire asiatique où les sourires immenses de toute la famille texane nous attendent. Les filles sont en tenue de soirée après une journée détente et spa : *Tout est calme, luxe et volupté*.

Nous prenons le temps de raconter notre vie à bord, notre aventure, notre projet autour d'une diversité de mets indonésiens, thaïs ou japonais. Monica et Warren sont rayonnants, volubiles, et séduits par le Pouilly-Fumé que nous leur avons réservé jusqu'à promettre d'en commander pour Houston, où nous sommes aussi conviés – un jour peut-être...

Caroline et Kate échangent beaucoup avec nos enfants et leur offrent la visite de l'hôtel. En retour, nous leur proposons la visite de *W-ALTER* pour le lendemain, avant de lever l'ancre.

Nous ferons la fermeture, comme toujours : il reste tant à dire sur les passions communes : les voyages, l'audace, l'art de vivre, la prise de risque… Les rencontres !

Même avec modération, *cool and crazy*, le vin délie les langues et lie les êtres. Notre bouteille de *Gemme de feu*, du domaine Landrat-Guyollot, Pouilly-fumé, vin blanc de Loire du cépage sauvignon blanc, osera tous ses « J'aime les feux ! » Elle promet des notes minérales de silex, mais aussi nombre de fruits : exotiques, mandarine et pomelos avec des nuances épicées. La bouche offre volume et densité, enveloppante et persistante. Aussi, l'ancrage minéral de ce vin, agrémenté d'une touche de fumé et d'une très belle acidité devrait-il lui permettre d'accomplir un beau mariage avec les cuisines asiatiques.

Une superbe alliance s'est bâtie entre mets et gemme. Alliance entretenue tout au long du repas. Nous précisons, qu'exceptionnellement, à travers nos tribulations gourmandes, nous bénéficions ici de conditions idéales de dégustation !

Imaginez l'accord presque parfait : l'association avec les tempuras de poissons, crevettes et légumes verts s'est faite sur les fruits pour le cœur du produit, et l'acidité, la fraîcheur, pour la coque du « beignet ». Le côté minéral et fumé du vin s'est accordé aux poissons crus. Enfin, la viande caramélisée, les petits légumes épicés, ont trouvé répondant et union avec toutes les qualités de ce vin dense, persistant, minéral, fumé, riche en agrumes.

Une gemme qui nous fait toucher la pierre philosophale !

Des accords Désaccords

Evitons la langue de bois : sur un bateau, moult désaccords se forment. Voici quelques épreuves vécues par l'équipage ou l'équipée sauvage… pour méditer et ne pas perdre l'esprit d'équipe.

La belle saison

S'aimer quand on est bronzé, à moitié nu, *ti punch* en main, ce n'est pas difficile. Mais quand surgissent des grains tropicaux ? Par deux fois, en plein grain et avec un hublot resté ouvert, on a inondé nos lits, les cours du C.N.E.D., des provisions. Quant à la saison des cyclones… Sur un bateau voisin, la capitaine me dit : « On a pris Chantal et Tomas ! ». Moi d'interroger : « Ce sont vos enfants ? »… « Non, des cyclones ! » : je reste d'une grande candeur, même en maillot de bain… Mais, bien décidés à rester zen, nous avons quand même décidé de ne pas manquer les Antilles et l'Amérique Centrale cette année.

L'avitaillement

Quand une part non négligeable de l'équipage frôle l'allergie aux boudins antillais, aux poissons, aux fruits exotiques… Que dénicher un steak ou une baguette n'est pas toujours facile, le seul repli qui reste s'appelle pâtes, pâtes, pâtes… Le moindre défaut d'approvisionnement déclenche la zizanie. Qui a fini le chocolat ?! Heureusement, pour lui, nous en avons fait un énorme plein sur l'île de Grenade… youpi !

Réseaux sociaux

D'accord : sur *Facebook*, on a une *super life*, mais… en vrai ? Rien à *tweeter* ici, circulez ! Le problème de connexion pour que les enfants puissent utiliser *Skype*, pour donner des nouvelles de nos *Vents d'Anges*, pour rester liés aux autres, est un défi. Nous profitons des hautes technologies, mais loin de l'immédiateté à laquelle nous étions habitués. Nous devenons asynchrones, revenant d'une certaine façon au temps de madame de Sévigné !

Sédentarité

Plus de canapé, de bureau, de salle de classe : sur un bateau, c'est une réalité. Alors sur *W-ALTER*, dans l'eau, aux escales, il nous faut nous défouler, vivre l'espace ! Nous résistons aux secousses du vent, nageons, nous étirons, faisons du *paddle*, trottinettons *freestyle*, transportons la bouteille de gaz de treize kilos sur des kilomètres, gérons des kilos de linge en laverie, et surtout... recherchons les amis de nos *Vents d'anges* ! Il fait chaud ici : le frigo vient de lâcher : le vin blanc va tiédir ! Et comment faire avec les produits frais ? On est tout moites et tout mous, mais sans oser même s'en plaindre ! Et ce n'est pas encore la saison des pluies... Au fond, tout cela facilite notre acclimatation, notre changement de rythme, nous met peu à peu au ralenti. Nous nous tropicalisons ; et comme le nord est loin, comme un feu de cheminée nous semble incongru !

Range ta cabine

Dans une espace plus confiné qu'une maison : avec nos adolescents, euphories ou explosions ! Avoir son territoire, son antre, reste essentiel. Mais cela n'empêche pas de voir tout rouge en entrouvrant la porte des cabines respectives... J'ai lu une étude scientifique affirmant que les adolescents ne font pas toujours exprès de ne pas nous entendre ou de vivre dans un bazar intégral : d'une part car, quand on leur fait des reproches, une partie de leur cerveau se ferme (c'est donc cela !) et parce que, d'autre part le méli-mélo de leur tanière révèle une grande dose de créativité (ouf !).

Une nouvelle langue, ou presque

Le vocabulaire de la voile prête parfois à contresens... Nous espérons ne pas « chavirer » (ce qui est parait-il possible en catamaran), tout en maintenant *une grande écoute* – le cordage qui sert à régler l'orientation de la grand-voile ! Et sans être *choqués* – laisser filer l'écoute d'une des voiles. Nous devons parfois *louvoyer* tirer des bords quand le cap est dans l'axe du vent, et qu'alors la route double et le temps triple… ce qui ne plaît qu'au capitaine, dévoreur de miles ! Et nous évitons les *coups de bôme* autant que de nous *faire trop de nœuds* ! Une belle école pour notre oreille, perpétuel apprentissage pour la vie.

Abuse pas quand même

Faire couler trop d'eau pour la vaisselle, prendre des douches à rallonge, boucher les W.C. : une fois embarqués, tout peut devenir complexe et conflictuel ! Sans parler des *tea time* qui peuvent finir en apéro… Après la tension plus ou moins grande des traversées, la vie au mouillage est souvent faite de moments conviviaux entre bateaux-copains… Il faut alors rester fidèles à notre adage, celui qui gouverne notre traversée : « Boire non pour oublier, mais déguster pour se souvenir ! »

Et je vois des paréidolies partout

La paréidolie désigne une tendance à imaginer des formes ou visages dans les nuages, les paysages, les roches, les mandalas. Femmes nues, têtes d'homme, pâtisseries insensées, bêtes fantastiques… Mais le pire, le pire c'est de croiser ainsi, presque chaque jour, une bête à grandes oreilles, tant dans les formes que dans les expressions ; une bête qui nous poursuit, ce qui porte malheur sur un bateau (le lapin !). Alors je deviens chasseuse de paréidolies !

Pour toutes ces sources de petits désaccords, pour les quarts, pour les risques, pour le fun et pour le reste, les couples qui adoptent ce mode de vie doivent faire preuve de souplesse… J'espère que nos enfants nous pardonneront aussi ! Je tiens à redire ici à quel point c'est une grande chance de dialoguer avec des bateaux-copains, ou avec les familles rencontrées à l'escale telle notre *sweet family* d'Antigua. Nous croisons des bateaux copains qui auraient vraiment envie de faire nos *Vents d'Anges*, mais qui ne disposent pas forcément de tous les ingrédients et flacons requis.

Inès et moi avons donc mis un point d'honneur à concocter un repas à l'occasion de l'anniversaire du capitaine. J'ai misé sur une recette de poulet fermier farci aux coquillettes au foie gras d'après la très grande Hélène Darroze. En naviguant sur le *web*, chacun pourra s'y essayer sans tanguer ! ... J'aime la préparer comme sur terre, « au plat pays qui est le mien », car je trouve cette recette très conviviale, savoureuse et, en un sens, régressive. C'est en Guadeloupe que j'aurai enfin réussi à rassembler ses composantes !

Inès, de son côté, a osé un nouveau dessert grâce au panel incroyable d'une de nos rencontres : Cécile et son blog *Au fil de mes recettes* et a tenté un entremets au réglisse Batna. Nous sommes arrivés à Barbuda, l'île sœur d'Antigua, plage infinie, bleu laiteux, frégates et mangroves : comme un autre monde. Nous avons invité Sandrine, des *Sev on seas,* à se prêter au jeu de la dégustation, puis du retour sur impression. Nous avons rencontré sa famille le 1er janvier 2015, emblème pour notre année nouvelle. En se frottant aux autres dans notre périple, nous nous affirmons davantage, tout en recevant le meilleur de chacun. Pour le coup, Sandrine a toujours transmis un élan de bonne humeur, une solidarité féminine « au poil ». Et une sincérité désarmante, expressive, résolument déraisonnable !

Pour notre mise en scène sur l'eau, nous choisissons un vin de Bourgogne. Cette région et son cépage emblématique en vin rouge, le pinot noir, seront notre coup de cœur. Le pinot noir fait partie de nos cépages préférés, surtout lorsqu'il est issu de notre région fétiche de Bourgogne, où il offre la diversité infinie de ses expressions. Le pinot noir possède l'art de nous mettre au diapason et à l'unisson, de nous ancrer en quelque sorte, même au loin ... Ainsi un *Fixin* rouge du millésime 2011 de notre ami Alain Jeanniard est ouvert pour fêter l'anniversaire du capitaine de *W-ALTER.* Voici le portrait d'un vin à la hauteur de nos attentes et de nos désirs : une couleur très tendre avec des reflets pourpres et brillants, des arômes séduisants de noyau de cerise et de fruits noirs, soulignés par un côté poivré, et en bouche, après une franche attaque, tout un univers à la fois tannique et acidulé. Avec une belle longueur, une belle architecture, une texture délicate !

Pour lors, j'ai donc tenté le goûteux poulet farci aux coquillettes et au foie gras selon Hélène Darroze. Choisir l'accord naturel entre ce beau Fixin avec une volaille au four : ce sera l'évidence, et les vies dansent !

La puissance du vin en bouche lui permet de s'accorder à la farce du plat, à sa palette grasse et parfumée. Un accord franco-français… au cœur de l'ailleurs ! Ce plat original mêle différentes saveurs : volaille, côté grillé au four, parfum de foie gras, fondu et texture enveloppante – avec les coquillettes. Accord et accords à plusieurs niveaux ! A partir des arômes fruités du vin se joue la rencontre avec une volaille encore juteuse. A sa note poivrée, le grillé de la volaille répond bien. Sa puissance s'équilibre avec la farce du plat. A sa texture et à sa finale, se conjugue le parfum, plus long, du foie gras.

Que dire d'autre ? S'essayer à un accord classique avec un plat rehaussé et revisité dans un cadre somptueux, c'est trouver le vin d'hiver au soleil, un brin de nostalgie au Paradis.

Cuba, Vamos

Un grande page de notre voyage se déroulera à Cuba : île vaste, « crocodile » qui mesure peu ou prou mille deux cent cinquante kilomètres de la tête à la queue. Crocodile que nous longerons par le sud en prenant le temps d'incursions terrestres depuis les points obligés d'abordage déterminés par l'Etat cubain.

Affaire d'état et population joviale !

Nous savons que nous allons passer plus d'un mois à Cuba et comme le disent les Cubains eux-mêmes : *Il y a le monde, et il y a Cuba*. Nous entrons bien dans l'étrange, le distinct, le différent, un système qui s'étiole, qui s'ouvre peut-être, mais qui reste pesant et déroutant.

Même avec un guide, nous n'aurons pas tout compris.

De leur propre sentiment, les Cubains espèrent un changement de vie, mais ne voient rien de remarquable dans leur vie depuis que Barack Obama et les Castro discutent. Nous les avons sentis encore surveillés, infantilisés, apeurés. Des habitants qui rêvent d'autre chose sans vraiment s'y préparer. Nous avons pu faire des rencontres singulières, qui nous ont semblé teintées d'espoir. Pour les analyses géopolitiques de la vie à Cuba, il est certainement plus malin de lire *Courrier International* : nous ne pouvons quant à nous que tenter de relater quelques grandes impressions de touristes pas tout à fait comme les autres. Avec un capitaine que l'on comparait à John Lennon – *Imagine* !

En bateau, tout commence ici par des formalités : nous naviguons de lieu en lieu avec un précieux papier qui doit être visé par les autorités frontalières. Ces dernières en treillis kaki, version opérette, parviennent sur *W-ALTER*, souvent à la rame, avec ou sans chien poilu (et puant !), avec ou sans thermomètre pour

vérifier notre état de santé…Une sorte de mascarade, à laquelle il est impossible d'échapper. Ce n'est pas excessivement gênant, mais très désarmant. Et tout cela se déroule sous une chaleur accablante, avec ou sans autorisation de descendre à terre, selon l'humeur des petits hommes verts !

Une fois débarqués, l'aventure continue : nous dénichons un taxi tout droit venu de *Retour vers le futur* … qui peut avoir entre trente et soixante ans, selon qu'il est américain ou soviétique. Il faut négocier les allers-retours à la marina en *cuc*. Il y a deux devises en cours à Cuba : le *peso* national, et le *cuc* pour les étrangers. Comme les Cubains, nous développons le « système D »… armés de notre espagnol minimaliste. Ainsi, en Corvette, en Buick, en Lada, en Bicy-taxi ou en calèche, nous découvrirons des joyaux cubains

Invariablement, nous croisons beaucoup de rabatteurs, gentils mais filous, qui nous ont « vus à la marina », et nous offrent de multiples services : excursions, restaurants, achats de cigares…
Et : des moments d'émerveillement, de curiosité, d'obstacles et de coup de pouce du destin.

La porte d'entrée du pays se fait par l'est, dans la séditieuse Santiago, là où la révolution castriste a vraiment commencé. Nous y avons partagé les festivités du 1er mai avec nos amis du voilier *Tit'mo*. Après l'obligatoire défilé officiel, nous profitons de la fête de rue, et du cochon grillé. Quand tout avitaillement est vraiment difficile, nous nous régalons surtout de moments vécus : jouer aux échecs, profiter de la salsa. Et même : assister à des relèves militaires, ou dormir sur les trampolines à la belle étoile pour les plus jeunes des voiliers *W-ALTER*, *Tuvau* et *Tit'mo*. Trinidad, au sommet de l'architecture coloniale, nous éblouit par les charmes de la ville. Une ville assoupie depuis le XIXe siècle, aux environs verdoyants que nous sillonnons à cheval… Cavalcade hors du temps, pour de piètres, mais joyeux cavaliers ! *Perico*, la monture d'Olivier, n'hésitera pas à m'envoyer un coup de sabot dans le tibia ! Ce qui n'a pas entamé notre jubilation à sauter peu après dans une merveilleuse cascade…

Nous passerons une semaine dans l'archipel très sauvage et désertique des *Jardins de la Reine*. Nous étions tranquilles, et même un peu trop – maudits Français, jamais contents ! Oui ce côté seul au monde pouvait être angoissant ; heureusement, nous vivions quotidiennement d'heureuses surprises : fabuleuses images de fonds marins et de récifs vierges, chatouillements des puces de mer, prolifique pêche aux langoustes !

Depuis la marina de *Cienfuegos*, nous avons repris nos échappées mi-sauvages mi-urbaines. A *La Havane*, nous avons eu le plus souvent possible les yeux en l'air pour admirer l'architecture éclectique – baroque, art déco, classique à la française – et éviter les chutes de balcon dans cette cité délabrée, où tout est en rénovation ! Vues désuètes et magiques qui n'ont pas changé depuis l'époque des pirates ou d' Ernest Hemingway… Partout, des références à ce célèbre écrivain et à la folle époque américaine … Nous avons donc pris un malin plaisir à déguster de savoureux cocktails - il est beaucoup plus facile de boire que de manger à Cuba – au *Chanchullero* (« *l'imposteur* »)… bar cubain où Hemingway n'a jamais mis les pieds. Pointe d'ironie qui nous titille !

Paradoxalement, dans cette société complexe, nous gardons l'impression que tout est possible : initiés dès notre arrivée à Santiago par Pedro – mélange d'Uggy les bons tuyaux, tout droit sorti de *Starsky et Hutch* et d'arnaqueur professionnel – on trouve de tout : du gaz, du gasoil (à filtrer !), des fruits et légumes, un coiffeur ; et, à l'autre bout du monde, à *Cabo Cruz*, deux trésors : du lait… en poudre, et des yaourts…en sachet, au soja, made in Vietnam.

La beauté décatie, une population surprenante qui nous appelle *mi amor* ou *mi vida* tout en étant bureaucrate à l'excès, un équipage fourbu qui en prend plein les yeux ... Tout cela ne nous laisse pas indemnes ! Pour les délices gastronomiques, le chemin est encore long ; néanmoins, nous avons rencontré un amoureux du vin, autre version de *mi amor* ou de *mi vida*.

Parler de cuisine cubaine ressemble plutôt à une plaisanterie... Dans les restaurants d'Etat, la mention « il n'y en a plus ! » s'oppose aux listes alléchantes des longues cartes. Malgré tout, un assouplissement du secteur privé depuis 2011 a entraîné des balbutiements culinaires dans les *paladares*, tenus en famille, *paladares*, qui malgré les pénuries, *inventan la vida y la sabor* – « explorent la vie et les saveurs. »

Après notre semaine dans les Jardins de la Reine et une excellente pêche, nous avons eu une forte envie de découvrir *Vista Gourmet de Trinidad* : perché sur une terrasse surplombant les tuiles rouges de la ville, ce restaurant se targue de ses buffets salé et sucré, et de la meilleure carte des vins de l'île !

Au premier soir, nous découvrons une salle pleine, bien pris au dépourvu ! En guise de consolation, nous devons faire demi-tour parmi les ruelles aux maisons colorées dignes d'un arc-en-ciel sous le soleil qui décline. Mais nous revenons peu après à l'abordage, et je demande au sommelier en chef si nous pourrions revenir pour lui proposer un accord entre mets et vins. Notre *winy bag* (un sac à vin étanche et réfrigéré) semble l'emballer !

Une occasion incroyable d'entrer en relation vraiment amicale avec l'un des premiers passionnés par le vin à Cuba. Sur cette île, il est si difficile de détrôner la bière et le Rhum ! Cuba est une terre en friche pour le vin, tout à l'inverse de nos traditions culturelles, une terre où les audacieux gourmets ont tout à apprendre.

Ce chef sommelier, rare et ouvert, se nomme Eduardo mais est considéré comme *El Chino* pour ses yeux fins et malicieux. Il incarne bien le multiculturalisme de l'île ! Nous lui faisons découvrir le Châteauneuf-du-Pape du domaine Duseigneur. Un vin qui le transporte et avec lequel nous choisirons de déguster des viandes – *ropa* ou *cordero vieja/jo* : du bœuf ou de l'agneau émincé agrémenté de tomates et d'oignons.

El Chino est dynamique, entreprenant, et rêve d'avoir son propre bistro... Notre repas et nos échanges sont exceptionnels : dénicher un passionné d'un nouveau monde, quel fameux sort ! Et il nous propose d'assister le lendemain à un cours donné dans son école du vin ! Même en espagnol, nous suivrons aisément le cours. Un univers naissant nous apparaît, où tout est à inventer : le service, le langage, la sensibilisation... Les réminiscences et sensations olfactives et gustatives renvoient à des référents tout autres que ceux que nous connaissons – la goyave, la mangue. Les vins français sont reconnus au point que le professeur indique qu'une journée sans vin et sans pain n'existe pas... en France ! Toutefois, pour *El Chino* et ses « camarades », la frontière essentielle se trace entre les vins d'Europe et les vins du Nouveau monde. Nous prolongeons la dégustation grâce à de rares nectars : El Chino, très impliqué et enthousiaste, découvre le goût de pomme dans le belgissime *Zientje*, se dit aux anges en partageant le champagne brut du Baron de Rothschild ... Dans un pays où les importations sont contrôlées, nous ouvrons une sacrée brèche ! Le voyage et le vin nous feront toujours découvrir de grands cœurs. Curiosité et fraternité.

A Trinidad de Cuba, nous allons goûter avec Eduardo, *El Chino*, un plat de mouton cuisiné entre tradition cubaine et « cuisine du monde ». Un métissage qui, pour le voyageur français, semble n'avoir rien d'exceptionnel. Mais à Cuba, ce métissage est significatif en raison des difficultés d'approvisionnement, et par l'engagement du chef dans la préparation de ce plat convivial.

Pour El Chino, pour le plat, pour nous, nous réservons un cadeau exceptionnel : la *Cuvée Catarina* du domaine Duseigneur, un vin qui rassemble de vieux grenaches (à plus de 80 %), la syrah et le Mourvèdre. Un vin qui va tintinnabuler *aqui* ! La couleur intense, le nez fruité – de fruits noirs et de cerise –, des notes épicées, légèrement toastées, une touche de cuir neuf affichent de l'élégance, entre structure fine et puissance maîtrisée. Nous réalisons et vivons un accord gourmand tout en dialogue entre le vin et le plat : harmonie de la puissance et des notes épicées, équilibre des tanins et de la structure du plat, arômes fruités et toastés accompagnant la sauce. Richesse et fraîcheur viennent compléter de concert ce repas !

Tout l'art de la rencontre se joue dans cet instant-là : la cuisine est doucement épicée, il fait bien 30° sur la terrasse ombragée, mais nous apprécions pleinement un accord riche et sans lourdeur. Le vin, c'est tactile, c'est une étoffe de soie intensément colorée : *Prends-moi la main, viens danser !*

Les Bahamas à la Brunante

Temps des Îles, des ils et des elles.

Nous passerons deux semaines aux Bahamas, au tempo du Tropique du Cancer. Le temps dans ce voyage est presque le seul maître quand il n'y a plus de maître. « Presque », car, de ce point de vue, l'océan, est fortiche aussi : quand nous essayons de nous projeter dans maintes situations, les flots sont toujours capables d'en inventer une autre !

Nous prendrons le temps de rire ou de pleurer – j'ai là tout un équilibre à trouver. Le temps de faire ce que l'on veut, de cuisiner, de s'émerveiller, de nager, de réfléchir, de lire. Le temps de vivre ! Selon la multitude des nuances de bleu et des joyaux verts ou beige cerclés de sable blanc qui se décline ici, cela semble facile, voire paradisiaque. Mais le paradis, dans sa constance éternelle, doit être pire que l'enfer.

Mis à part celui de rire ou de pleurer, le temps s'offre aussi pour nager avec des dauphins ou taquiner les requins… Aller à la

pêche, ou attendre le conteneur de frais – à la livraison dans le *mini market* les îlots, c'est la ruée vers l'or : dès le lendemain, plus aucun légume ! … Se prendre pour James Bond dans la *thundergrotto* ou tenter d'être une famille aussi déjantée que les *Miller* – un film qui nous a fait pleurer de rire ! Voir des plages de sable rose sans prendre de substance illicite, ou se baigner avec des cochons pas tout roses… Être souvent déconnectés et en diète d'informations, de contacts avec nos précieux amis, ou de se dire que l'essentiel se joue ici et maintenant en nous… Renouveler notre bibliothèque flottante ou constater que bientôt il ne restera plus que la *Bible* ou *A la recherche du temps perdu*… Essuyer un énorme orage dans le parc naturel marin de Warderick, ou ramasser les morceaux après les tornades familiales…

Nous sommes aussi partis en *Vents d'Anges* afin de nous donner le temps de vivre en famille. Nous avons adopté notre bocal marin non pas pour jouir de l'oisiveté, qui est loin de nous et de nos désirs, et qui s'exercerait au dépend des autres, mais pour l'expérience. Pour se découvrir et se redécouvrir, connaître nos limites, nos vraies envies ! Un sacré pari : en mer, à coup sûr, « Le vrai voyage est celui qui enseigne autre chose que ce qui était prévu, il faut bifurquer pour créer et découvrir. » -… selon Michel Serres et la citation d'un boiteux et bifurcateur émérite, citation que j'ai retenue d'un *Charlie Hebdo* de 2015. Avancer en crabe, dériver souvent, et accepter de ne pas tout vivre.

Réconfortés par la beauté extraordinaire des Bahamas, nous sommes toutefois encore un peu peureux. Sur *W-ALTER*, nous ne sommes pas des super-héros. Il nous est apparu primordial de discerner nos craintes pour pouvoir les évincer. Les obstacles et les doutes à dépasser font la vie. La crise d'adolescence, les dérapages non contrôlés, les maladresses se sont aussi emparés de l'équipage… Et beaucoup de remèdes ont été épuisés ! La douceur, la fermeté, la visualisation positive, l'épuisement, la respiration lente, la chasse aux *ego*, les apnées, les plongées, la montée au mât pour s'isoler, les massages…

Pour le moment, le lointain Pacifique, malgré son nom, n'est pas encore pour nous : la Méditerranée et ses littoraux multiples et gourmands feront la suite de nos *Vents d'Anges*. Autrement dit, nous avons changé de cap, et opté pour une large boucle Atlantique plutôt que d'envisager la grande grande boucle. C'est déjà une grande aventure que la nôtre : entre émerveillement et rudesse de la nature, de nos tempéraments, tous ceux des océans… Nous devons nous adapter aux besoins de chacun. Les Bahamas resteront en nous comme une ribambelle d'îles féeriques, quasi *photoshopées*…

C'est entre nous qu'il a fallu faire des retouches ! Autant dire qu'il est temps d'une transat retour, un peu plus délicate que l'aller. Nous visons les Açores dans une quinzaine de jours et nous participerons au *Sea Art* à Horta, un concours de peinture le long des quais, qui, selon la tradition, promet une traversée paisible. Nous accrocherons notre œuvre à la cimaise des Açores ! Maintenant, que le ciel, la lune, le soleil, l'océan, les éléments, les astres et tout le toutim soient avec nous !

En cuisine, pour doubler le bonheur, il suffit de le partager. Sur l'océan comme partout ailleurs, les rencontres élargissent notre répertoire, promettent des prouesses culinaires et des papilles festives mais… Parfois il nous semble tout aussi palpitant de réaliser « des petits miracles » avec les produits les plus simples. De chaque côté de l'Atlantique, nous avons pu nous régaler. Sans superflu ni sophistication, c'est si bon !

A quelques encablures de notre transat, nous croisons un personnage hors du commun qu'on oserait appeler l'un des nouveaux bienheureux. Ils a choisi la qualité de vie, l'amitié, l'aventure, l'amour toujours, avec pour moteur : l'enthousiasme ! *Pic pic et colégram* : je vous présente Gérard croisé à Georges Town sur l'île de *Great Exuma* aux Bahamas. Québécois, il est tombé en amour pour la voile. Ce *self made man* de Montréal était comblé par le business, les finances, le confort. Il a osé lâcher le tout, la routine et même la *poutine* – … si vous ne

connaissez pas la poutine, tentez d'en savoir plus sur les mets du Québec, sachant que nous sommes heureux de ne pas avoir goûté celui-ci !

Gérard a préféré aller au bout de ses passions pour la plongée, la pêche, les rencontres et les îles « de toute beauté » comme on dit « en Nouvelle France ». Il s'émerveille désormais avec ceux qui l'accompagnent sur les flots : oiseaux, cétacés, requins ou papillons. Avec entrain, il nous enjoint à dépasser nos angoisses, un *leitmotiv* pour avancer chaque jour.

Et propose à notre équipage de préparer un plat certes simple mais mondialement réputé pour donner du peps : de vraies *pasta a la carbonara* ! Gérard a été initié par une sicilienne. Et nous affirme qu'il préfère la spontanéité et la fraîcheur de la cuisine italienne à l'art saucier des Français, plus complexe ou raffiné selon les goûts. Et, avec le peu d'ingrédients que l'on déniche aux Bahamas, illuminer nos assiettes se fera avec des oignons, du parmesan, des œufs et de la presque *pancetta* – Rome est loin !

Grande réussite de cette cuisine sincère sur W-*ALTER*… accompagnée d'un sympathique rosé destiné aux grandes occasions : un vin du domaine de l'Heure Bleue, de Provence… Quelques jours plus tard, après bien des échanges, quand nous devrons nous quitter, Gérard et Jade nous lanceront *A la revoyure* ! Et la plus formidable des formules : *Aimez-vous* !

L'heure bleue est cette période entre le jour et la nuit où le ciel se remplit presque entièrement d'un bleu plus foncé que le bleu ciel du jour … pas de doute, nous sommes cernés ! Dans une chanson de Françoise Hardy, *c'est une heure incertaine, c'est une heure entre deux*. Et les Québécois la nomment *la brunante*. A nous d'inventer la réalité de l'instant !

Avec son œil rose pâle délicat, son intensité aromatique portée sur les agrumes, et quelques notes florales, nous appelons la fraîcheur, la minéralité et la longueur en bouche. Elles confèreront une belle dimension au vin comme au moment de vie.

Avec le classique italien, la sauce apporte du crémeux, et le lard, de la matière. Le parmesan soutient le parfum d'ensemble. Pour sortir de l'accord aussi classique avec un vin blanc, c'est avec ce vin rosé, frais et ensoleillé, tout en relief, que nous nous projetons. Nous remercions Gérard pour cet échange – et trouver des ingrédients pour des *carbonara* aux Bahamas était pour lui aussi un défi !

Mariage simple et gourmand : équilibre entre fraîcheur et volume, crémeux et agrumes, amertume du parmesan et bouquet provençal. Rien n'endort ou ne pèse sur les papilles, les éléments du plat sont relancés par les arômes et la délicate structure du vin. Une satisfaction simple, mais délicieuse ! C'est une belle et juste relation dynamique, entre arômes et matières.

Heure bleue, merveilleuses couleurs des Bahamas, crépuscule au firmament.

Crèmes de féminité

Jeter derrière soi et sur soi un regard plein d'espoir.

Il est difficile de suivre l'orthodromie – le chemin le plus court, comptant ici 2500 miles – entre les Bahamas et les Açores. Il nous aura donc fallu dix-huit jours pour parcourir 2777 miles. Soit un peu plus qu'au voyage aller : au nord, point d'alizés, mais un savant dosage entre une vitesse nulle et des pointes à 21.8 nœuds. Soit on est au cœur de l'anticyclone, et règne alors le calme le plus plat, soit *c'est la ouate que je préfère* : de gros nuages dans une queue de dépression, et ça surfe intensément, carrément velu et intrépide !

Quatre à Zéraq : dans le jargon maritime c'est le quart de milieu de nuit, de zéro à quatre heures du mat', virilement mené par le capitaine ! On se partage « les restes », histoire de voir des levers de soleil et des couchers de lune. Pendant les quarts, aussi, j'ai découvert la série *Borgen*, chronique pimentée de Birgitte, premier ministre danoise : idéalisme, pragmatisme, accomplissement, doute : c'est tout moi en mer !

Quand une nuit … La complainte stridente du puffin cendré, volatile pélagique, qui revient au nid *by night* nous accueille à Flores, l'île la plus occidentale d'Europe. Grand ouf, on aspire à re-devenir *WalTERRIENS* !

Femme du grand large ? *Tu sais, c'est pas si facile*… Des femmes exceptionnelles, j'en ai croisé et admiré ; je viens d'ailleurs de voir passer un *Boomerang* parti avec quatre enfants deux ans auparavant, et de retour avec cinq !

Première astuce : avoir un sac à dos assez léger – je ne parle pas de vrai bagage, mais de ce qu'on porte avec soi depuis toujours. Mieux vaut éviter d'emporter des rancœurs et embarquer avec une sacrée réserve d'amour : on en a sérieusement besoin ! Alors décider de commencer à être, avec soi, une meilleure amie : indulgente, bienveillante, stimulante. C'est nécessaire. Sur mer, on peut certes compter trois « kifs » par jour, mais aussi trois « snifs », à coup sûr ! Et quand on a perdu tous les sparadraps et onguents, penser très fort à toutes ses amies est encore une belle possibilité. Comme toujours au fond, le mieux est de s'assumer : je ne touche pas au moteur, ne monte pas au mât, barre comme je conduis. Alors, aux escales et avec les bateaux copains, aller à la rencontre des autres me procure toute l'énergie produite par notre traversée ! A tous et toutes, notre amitié sincère, des messages dans nos bouteilles à la mer et, à Flores (difficile de dire si c'est le bout ou le centre du monde mais c'est bien « le pouvoir des fleurs ») merci à André, Flo et Béru, Camille et Marco, Elena et Anatol et les autres.

Côté *être belle à quarante ans* – bien frappés ! –, la croisière assure un teint hâlé indéniable, mais il ne faut pas se laisser « haler » ! *Girly* et desséché ne vont pas bien ensemble ! Si ce n'est pas épidermique, ça peut aussi devenir pileux… Mon slogan : jamais sans ma pince à épiler ! Attention : si le poil pousse « comme les hortensias aux Açores », le cheveu se perd… En bateau, on en jette des poignées ! J'ai même connu des filles, mieux organisées que bibi, qui ont exigé du capitaine qu'il fasse une formation « coiffure et couleur » ! N'ayant pas anticipé sur ce sujet, force est de constater qu'Olivier a ses petites mèches blondes ensoleillées… un look David Guetta « remasterisé »… Dans la panoplie de miss *W-ALTER*, on a pensé à quelques jolies robes et boucles d'oreilles pour les rares fois où on a l'occasion ou l'envie de se faire belles, tout en évitant de nous couvrir de toutes sortes de coquillages, dents de baleine ou madras. Maintenant vous imaginez que je vais subrepticement glisser sur l'épineux sujet du poids, que nenni ! Triste tropique ou triste vérité : pas de miracle ! Nage et crapahutage entretiennent le corps … quoique nous n'ayons pas encore mis un orteil dans les eaux fraîches des Açores ! En revanche, les balades sur les îles sont à couper le souffle : « toundra » d'ici, murs végétaux, lacs, prairies, moulins, cascades, figues fraîches et fleurs bleues.

Une tête – juste – pleine dans un corps bien fait ? Nous avons entamé un dialogue avec les éléments, le grand tout, et quelquefois même avec le bon Dieu … Un peu comme Noé ivre sur son arche, au moment du Déluge. Sans vivre nécessairement de révélation : les romans, documentaires ou films embarqués puis échangés font le sel de la vie. Toutes ces histoires nous enivrent presque autant que les vins.

Accrochés aux Açores, les mers de l'extrême ne seront pas pour nous, mais l'aventure continue ! Nous abordons cette île qui, géographiquement, souffre de dépeuplement en tant que périphérie lointaine avec une impression humaine tout opposée : celle d'être au cœur de la terre, là où les liens et les sensations sont intenses et très prononcés. Les paysages et les gens nous happent, la sidération de la transat disparaît.

On ne s'impose pas sur la mer, on passe simplement sur la pointe des pieds comme dans la vie…, nous dit Olivier de Kersauson.

« J'aimerais que ma cuisine ait le goût du vent, parce que le vent vient toujours d'ailleurs. » nous confiait le chef Olivier Roellinger. Ce vent dont nous aurons eu tant besoin au cours de nos dix-huit jours de traversée… Sur l'île la plus occidentale de l'archipel des Açores, nous rencontrons Camille.

Vous la cherchez donc, elle est complètement à l'ouest, à Flores ! Si « être à l'ouest » signifie se trouver déconnectée de la réalité et un tant soit peu déraisonnable… je penserais qu'en réalité cette flotteuse, rêveuse, chanteuse, voyageuse, masseuse, bourlingueuse, amoureuse de Camille est pile dans son monde… Et essayez de trouver dans votre parcours autant de rimes à *Heureuse* !

Camille est arrivée sur ce bout d'Europe fouetté par les embruns après avoir fait un tour d'Atlantique de « seulement » dix ans !

Originaire du R.E.R. A, comme elle le dit elle-même, elle s'est sentie chez elle aux Acores après être passée par les côtes d'Afrique, et les Antilles. Toujours souriante, le regard doux, le cheveu flamboyant, la démarche svelte et jeune, Camille est solaire, et très occupée… Elle a aussi fait un film sur *Youtube* sur l'accouchement naturel. Si vous y cherchez Camille et ces derniers mots, vous découvrirez une extraordinaire histoire de femme et encore ses mélodies libératrices !

Très occupée par ses trois grands enfants et toute une tribu d'amis, par la joyeuse petite dernière incroyablement prénommée Gaïa, par son travail de kiné, Camille nous propose néanmoins de passer une soirée *Vents d'anges* en notre compagnie… en acceptant de nous apprendre à faire du fromage !

Toutes ces histoires de dur, de mou, de vieux, de croûte, de long en bouche, de sec, de puant et de savoureux, comme cela nous manque ! Alors avec le lait des belles vaches de « Floreccch », dans notre cocotte, nous mettons les bouchées doubles, et un peu de présure, afin de réussir, en compagnie de Camille, des *frais*, des *cuits*, de la *panacotta*.

Manteiga
PURA DE LEITE DE VACAS APASCENTADAS
FAMOSAS
PASTAGENS
MORROS
eMONTE
PRIVILEGIADA
DA ILHA DAS FLORES
DE Nª Sª DO ROSÁRIO-ILHA

Nous avons donc caillé, tailladé, malaxé, remué, tassé. Sans trop ruminer ! ... Reste même du petit lait pour notre brioche. Je vous ai bien parlé de petits miracles. Nous construirons l'accord à vins avec nos « fromages-bateau », quand tout sera affiné, et évidemment en l'honneur de Camille.

Nous nous souviendrons de cette amie de l'Atlantique et des magnifiques sensations qui nous ont tous entourés avec elle. Des camaïeux de bleu, vert, jaune, des saveurs, de beaucoup, beaucoup, de chaleur humaine.

Sur *W-ALTER* à nouveau, avec son équipage et notre amie Agnès, pour la dégustation des fromages réalisés sous la houlette de Camille, nous avons dû attendre la maturité, et lui envoyer nos remerciements. Mais nous avons sauté d'île en île, et accosté à Sao Jorge, une autre pépite de l'archipel. Ainsi avons-nous constitué un plateau de fromages des Açores et du Portugal : fromage « frais » et pâte pressée au lait de Flores (fabrication « bateau ») mais aussi D.O.P. Sao Jorge, fromage alliant vache et brebis – le « meilleur du monde » ! –, et surtout, un bon pain réalisé par nos soins

Nous choisissons un Côtes-de-Provence rouge cru classé, le *Château Roubine*, dont les cépages sont aussi variés que notre plateau : syrah, cabernet sauvignon, grenache et carignan. Ce vin arbore un rouge rubis assez foncé. Ses arômes évoquent les fruits rouges, avec des notes bien présentes d'épices et de garrigue. Avec une belle ampleur en bouche, ce vin bénéficie d'une belle onctuosité, en conservant une certaine fraîcheur, des tanins fondus.

Il nous fallait bien un vin alliant une certaine puissance pour le caractère des fromages, et des tanins peu marqués pour accompagner leur fermentation simple. Le gras du vin était également recherché pour cette alliance.

Si nous ne trouvons pas toujours évident l'accord entre vin rouge et fromage, le Château Roubine permet ici une adaptation étonnante aux différentes facettes des fromages. Sa structure ample, son côté épicé, permettent la rencontre avec les fromages les plus marqués. Son onctuosité ravira sur les pâtes un peu plus sèches. Son fruité et sa fraîcheur apporteront de la finesse à l'union.

Quelle grande faculté d'alliances, celle du vin aux fromages, comme une *Nature morte à la gastronomie crémeuse* !

Re. Acores & Inventaires

Exubérantes, inattendues, décousues Açores, telles un poème de Prévert.

Un volcan
Des phares
Trois îles en archipel
Vertige sur les *fajas* abruptes
Bleu des hortensias et la mer dans les nuages
Mais aucune baleine
Petits pains *bolo levedo* et fromach
Bleu anticyclone gris basalte blanc comme neige
Pico, point culminant portugais
Partages pour le *Santo Christo*
Et toujours pas de baleine
Sculpteur de dents de cétacé
Scrimshaw, fleur au parfum de gingembre
Odeur de soufre au cœur du *cozido* – spécialité de l'archipel

Des vaches et des *ch* à chaque mot

Des vignes buissonnières dans les *currais*

De la peinture pour le *Sea-art*, *vitamine sea*

De l'eau ferrugineuse, et du vin, du vin – même celui des tsars

Kaléidoscope de paysages

Suisse, Canada, Cornouailles, Massif central, et la Lune peut-être

Plantations de thé et de café

Mais où sont passées les Baleines ?

Notre amie Agnès nous rend visite ici, et se prête au jeu de la trace écrite !

« Pour arriver sur W-ALTER à Horta (île de Faial), il faut enjamber, entre le ponton et le bateau, un tas de cordes et de rambardes : faut pas juste avoir le pied marin, je te le dis ! Faut avoir le pied sûr et certain ! … Ni le pied marin, ni le pied sûr et certain, à tel point que j'en suis venue à me demander si j'avais encore le pied terrestre ! Une fois que j'ai eu mis le pied sur ce bateau, cela s'est mis à tanguer, sur mer et sur terre ! J'ai donc une vision un peu déformée de ce que j'ai vu des Açores et des Vents d'anges… les Açores et les Vents d'Anges, cela tangue et cela tanguera toujours.

Et très vite, branle-bas de combat pour repartir : se déparquer, faire la « queue » à la pompe, se garer à la pompe, remplir, re-préparer les matelots, et… repartir.

C'est le début d'un film au ralenti : le port qui s'éloigne doucement, très très doucement, les côtes qui apparaissent, et l'île qui s'éloigne doucement elle aussi, puis la mer, et les autres îles qui s'approchent, Pico en face …

Là on va être au mouillage : j'en transpire encore ! Sandrine et Olivier s'occupent des deux ancres, une à l'avant, une à l'arrière. Ils ressemblent furieusement au Shaddocks ! Les enfants et moi avons droit à une parade de la mer, de bateaux, en accueil. Olivier, lui, n'a pas dû voir grand-chose

de la parade, occupé qu'il était avec ses ancres : ancre arrière à la main de l'« annexe », vérification que tout est bien accroché – et sur un banc de méduses, il faut enfiler la combinaison intégrale et les gants. Tout un programme, le mouillage ! Et ce n'est pas fini. En vue des festivités, on a hâte de se retrouver à terre, mais entre le port, et nous y a des mètres et des mètres d'eau !

On arrive à terre tant bien que mal… Summertime aux Acores ! C'est finalement la fête toutes les nuits ! Ici, c'est la quinzaine des émigrants, tous ceux qui sont partis sur le continent mais aussi en Amérique du Nord et qu'on reçoit avec allégresse l'été. On s'installe comme il se doit dans le troquet local, on tente la commande entre crabe et bifanas *(des sandwichs de porc grillé), non sans se perdre … Heureusement une rayonnante et plantureuse brune propose de nous traduire tous les possibles en anglais… Tout de suite, cela rassure : non pas de savoir tout ce que l'on pourra manger, mais d'entrer en lien avec des gens vrais et chaleureux ! Très vite Marcia la cuisinière est mise au courant par Sandrine et Olivier de leur aventure des* Vents d'anges… *et tout aussi vite, Marcia nous invite à sa future « auberge Açorienne » – un peu comme une auberge espagnole autour d'un barbecue. Et comme Sandrine et Olivier ont dû passer un pacte de visite obligatoire de tout ce qui se fait dans le monde, on a ne va rien rater des activités à visiter : fromagerie, caféterie, vignes…*

Mais revenons à l'essentiel : quand Marcia fait la fête, c'est jusque neuf heures du mat, carrément ! Je me demandais encore si je devais y aller ou pas : j'avais l'impression que c'était surtout pour les grands voyageurs, leurs aventures et leur cave flottante… Toutefois on se fait tout beaux, Olivier emballe ses vins à offrir, et c'est le départ. Sandrine est restée à terre, Inès rame avec Olivier pour nous conduire à destination.

Nous atterrissons sur l'espèce de jetée qui sert à mettre les bateaux à l'eau : fastoche, pas de ressac, il suffit de sauter dans l'eau ! La belle affaire : j'ai réussi à me mouiller quasi jusqu'aux épaules ! Trop fort…C'était trop simple, j'ai baissé la garde et à l'eau, je n'ai pas tenu ferme sur mon premier pied, me suis renversée, et mal rattrapée sur mon deuxième pied. Je me suis fait très mal, et en ai pleuré de douleur et de rage.

Arriver complètement dégoulinante chez des hôtes presque inconnus, c'est bien pour se faire remarquer d'entrée de jeu ! Heureusement, Marcia, en toute simplicité, me prête illico une tenue en rouge et noir. Entre temps, je dois aussi réussir à me sécher et à retirer tous les petits bouts d'algues noires que j'ai encore sur moi…

Mais arrivée enfin sur la terrasse, mes peines vont pouvoir trouver compensation ! L'apéro est d'enfer : pas un seul biscuit industriel, des monticules de pain, de pain grillé, de biscottes, à tartiner de fromage frais, du thon tiède à la tomate et au fromage, de la confiture de fruits rouges …

A aucun moment je ne me suis dit que j'aurais mieux fait de ne pas venir, malgré les orteils cassés et la baignade forcée… Une chose seulement m'a dérangée, c'est de ne pas pouvoir aider en cuisine : mon pied gonflait presque à vue d'œil. J'aurais bien aimé pouvoir causer et échanger cuisine...

Parce qu'en cuisine, y avait du boulot ! Contrairement à ce qu'avait dit Marcia, ce n'était pas du tout un simple barbecue ! Elle nous avait préparé une farandole de plats en buffet. Tout au long de l'apéro se présentait un défilé de feijoada *(un plat national brésilien, comme un cassoulet exotique), des salades composées, de la brandade locale, une « compotée » de poulpe à la tomate, huile d'olive et ail, du pain de viande, du poisson…*

Olivier a pu ouvrir ses vins sur ce défilé ! Et il n'était pas seul en lice ! Il y avait parmi nous un gars qui faisait son vin lui-même – un vin qui ressemblait à de l'hydromel un peu, sucré, avec un arrière-goût épicé de miel. Chacun a quelques ceps, ici.

Je crois que personne d'entre nous n'a vraiment bien compris qui était qui mais c'était très festif. Olivier a expliqué à toute la bande que les vins venaient du sud de la France : le blanc de Collioure, et le rosé de Saint-Tropez… avec son nom mythique : La Madrague. *Evoquer des femmes vigneronnes et Brigitte Bardot, voilà qui fait joyeuse impression, pour toute cette belle bande, composée d'abord de bons vivants plus que de fins connaisseurs, selon moi. Il n'y avait pas matière à grandes discussions vinesques : c'était aussi un bon choix d'amener ces vins-là… la femme procure toujours un fil de discussion et d'exclamations en plus.*

Avec les desserts dignes de l'auberge – crèmes, glaces, flans et gâteaux – la conversation, déroulée dans un charabia indistinct mais compréhensible par tous, a commencé à franchement virer vers le portugais… et on a commencé à lâcher prise. Choisi aussi de recommencer les acrobaties : retrouver le pied qui tangue sur l'eau plutôt que la tête qui tangue sur terre, clopin-clopant en prime… mais avec le cœur rempli de l'hospitalité spontanée et gourmande de Marcia, de ses rires et de sa simplicité.

Chez Marcia, « si tu as un souci, on trouve toujours une solution ».

Avoir le pied marin, c'est tenir en équilibre sur un sol… même en mouvement.

Merci à Agnès d'avoir accepté quelques déséquilibres et du bon vin !

Avec Marcia, à Santa Cruz de Ribeiras, Pico, Açores, nous découvrirons le foisonnement et les élucubrations de l'auberge açorienne.

Nous avons peu de renseignements sur les plats à déguster. Pariant sur l'omniprésence des poissons et sur une cuisine à base d'oignons et de tomates, et un peu épicée, nous choisissons *L'Ecume* pour ses qualités aromatiques, sa belle structure et son gras, et le rosé *Claire*, pour sa fraîcheur.

Honneur aux vins ! *L'Ecume*, A.O.C. Collioure blanc, est complexe et aromatique, fort de son gras et de sa minéralité. Initialement marqué par les agrumes et les fleurs, il développera par après une tendance épicée, vers le clou de girofle. Comme en contrepoint, la Cuvée Claire, A.O.C. Côtes de Provence, de la Madrague, gardera une expression de fruits exotiques et de pamplemousse, tous dans leur habit rose pâle.

Le pari est lancé : parviendront-ils à accompagner la farandole de la cuisine açorienne : pain de viande, fromage et confiture, mets variés de *bacalhau* (morue), poisson au goût naturel de *cavaco* (cigale de mer), coquillages et poulpe ?

Pari tenu ! Face à la diversité des plats et des goûts prononcés, le Collioure blanc tient ses promesses : charnu et longueur accompagnent des plats réconfortants. Les notes de clou de girofle soulignent les accords. Enfin, la richesse des plats s'harmonise à la minéralité du vin. Le rosé de Provence apporte, quant à lui, ses expressions d'agrumes et sa fraîcheur sur les coquillages ou encore sur les mélanges à tartiner, et les fromages légers, en apéritif.

Les découvertes vineuses sont partagées par nos hôtes, malgré une verrerie qui n'est pas au top : on s'adapte !

Le capitaine ad hoc avec les accords

Au moment de notre départ des inoubliables Açores, un ami caviste nous adresse ces mots : « Magnifique, on se régale avec vous. Virtuellement pour le gustatif, mais réellement coté visuel. Mais pour la réussite de l'accord, quel est le rôle de l'environnement, de l'ambiance locale, de la température, des odeurs ? »

Olivier répondra au caviste qui nous titille, et j'apprécie, pour les amateurs de notre épopée œnologique, qu'ils aient le regard du capitaine !

A travers mon état proche de l'anéantissement, je confirme pour les amateurs de voile que la traversée entre l'Atlantique et les îles Portugaises compte parmi les passages les plus rudes de notre croisière : à l'aller entre Gibraltar et Madère, et désormais entre les Açores et le fameux Détroit.

Inutile d'insister ici : c'est entre l'océan et moi que je dois trouver mon accord à corps ! Profusion de tout : de vagues, de pluie, d'écume… Trop encore pour moi, drôle de marin à la vie chaotique. Je suis seulement rassurée que les enfants soient repartis, depuis les Açores, pour quelques semaines chez leurs grands parents.

Et je laisse le goût des mots à Olivier. Un espoir. *Avec celui que nous aimons nous avons cessé de parler, et ce n'est pas le silence.* – René Char, L'éternité à Lourmarin, hommage à Albert Camus.

Pour le capitaine, au contraire, réfléchir aux ingrédients de réussite de nos accords constitue un plaisir, une pensée qu'il partagera volontiers… malgré l'agitation des flots.

« S'il y a réussite de nombreux accords, il y a aussi toutes les péripéties inhérentes à leur mise en place, à leur réalisation ou à leur optimisation… Différents éléments viennent influer sur ces moments à partager :

En premier lieu, intéressons-nous à l'environnement : le cadre est bien souvent agréable dans ces îles parcourues, sous le ciel bleu, sur le sable blanc, sous les cocotiers, sur l'eau… Une belle mise en condition « physique » pour apprécier ces instants. Néanmoins, une dégustation extérieure voit aussi son lot de contraintes : la lumière, le vent qui peut nous priver de quelque bouquet ou arômes, la chaleur évidemment. Nous apprécions donc une sorte d'imperfection !

En second lieu, l'ambiance locale, dans laquelle se déroulent ces « mariages », apporte toujours. Les personnes rencontrées sont très ouvertes au partage, à la « gastronomie ». Cela crée un climat propice à l'appréciation des mets et vins. En même temps, on s'immisce dans un cadre intime, des « chez soi » inconnus, et il faut le temps de « s'apprivoiser ». Le vin y contribue beaucoup… Pourtant, il y a un « revers » à cette ambiance trop détendue : nous devons veiller à une certaine concentration sur la dégustation, sur l'accord, les prises de vues, les impressions… Parfois tellement emportés par la vague, on oublie tout, pour l'instant présent ! Mais c'est aussi le but !

En troisième lieu, La température reste un vaste et inépuisable sujet. Le côté positif – le seul, au fond – est celui de la douce clémence, de la joyeuse chaleur du moment … Chaleur qui permet aussi de découvrir et de savourer tel légume ou tel fruit tropical qui nous est entièrement inconnu. Sinon, la température qui avoisine constamment les 33°C constitue un obstacle majeur à la dégustation des vins, que nous devons vraiment prendre en compte. En termes de préparation, il nous faut rafraîchir blancs et rosés très à l'avance. En effet, ces vins seront bus à une température plus élevée que sur nos terres, pour deux raisons : afin, d'abord, d'éviter une trop grande différence de degrés entre le vin et la température ambiante, différence engendrant une sensation de froid ; ensuite, en raison du réchauffement rapide du vin dans le verre. Il faut bien sûr se munir des accessoires nécessaires au transport ou au moment de la dégustation – seau à glace, glace, sac réfrigéré… Tout cela engendre une belle « gymnastique » entre la cave de *W-ALTER* et les escales ! Il nous faut également rafraîchir les rouges. C'est alors que nous devons jouer du thermomètre… Mais eux aussi seront goûtés à une température supérieure à celle des usages, sans toutefois se déprécier dans des conditions climatiques inhabituelles.

Last but not least, les odeurs qui caressent notre mémoire olfactive – et l'enrichissent peut-être. Celles des vins et des mets, naturellement… mais après ? En mer, elles sont quasi inexistantes. Nous sommes loin de nos côtes parfumées aux varechs et goémons ! Côté terre, l'isolement marin et le climat sec nous privent de senteurs exotiques. Il faut y prêter vraiment attention si nous voulons les déceler, ou en profiter après une pluie… Nous les avons retrouvées aux Açores et avons même senti la terre de loin avant l'arrivée. D'autres facteurs interviennent, par exemple celui de l'équipement – des verres, en particulier. La dégustation peut être contrariée sans un vrai verre : en verre, et fin. On ne peut pas toujours avoir avec soi le verre idéal : les très bons verres de dégustation utilisés par les professionnels ou les amateurs – ceux qui permettent d'exhaler arômes et bouquet, et de mettre en valeur la robe des vins. Quant à disposer du verre adapté au blanc, au rouge, et à la région… Sans tomber dans ces critères exigeants, nous avons régulièrement emmené nos propres verres pour « assurer » la dégustation.

De l'épaisseur du verre évasé, en passant par la timbale plastique, il nous a fallu éviter quelques écueils… sans pour autant froisser nos hôtes et hôtesses ! En effet, la culture du vin est très variée, mais je dirais que, plus on s'éloigne des régions viticoles, moins il y a d'amateurs avertis : chaque convive a sa part de « voyage en terre inconnue » ! Cela ne veut pas dire que nos rencontres ne s'y intéressent pas – elles manifestent toujours l'envie de découvrir, ou d'apprendre, comme nous avons pu le constater à Cuba. Mais, hormis les îles à dépendance européenne (Martinique, Guadeloupe, Saint-Martin…), l'approvisionnement varié en vin est très difficile. Bien souvent, c'est un flot de vins chiliens et argentins (mais surtout pas les meilleurs…) qui est proposé. Force est de constater que l'intérêt pour le vin est souvent lié aux « racines » !

Heureusement, il n'y a plus de frontière lorsque l'intérêt pour le goût est partagé : les territoires de partage et d'exploration sont encore à venir… *Veni, vidi, vino !*

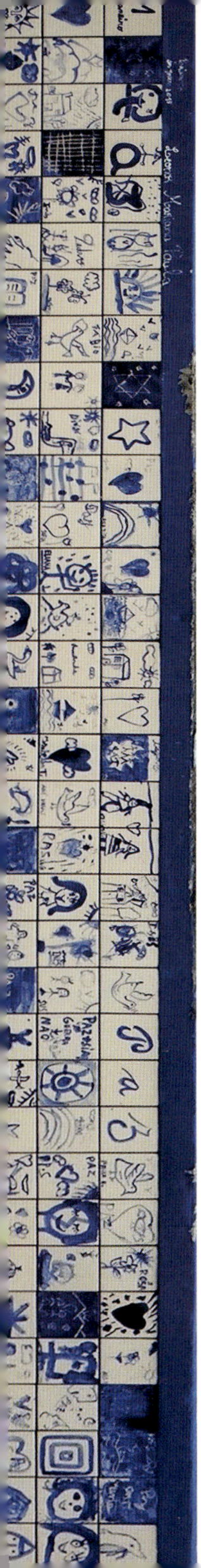

All in Porto, Winelove is all

Notre fil rouge (parfois blanc, rosé, voire *verde* au Portugal !) nous permet de partager un verre, et de tisser liens et recoupements au cœur d'une nouveauté qui, chaque fois, nous surprend. Ici nous partons déjeuner en ville, puis nous partirons à travers vignes... Mais notre approche de Porto fut timide, dans un premier temps : retrouver d'un coup une immense ville, un métro, des « costards cravate », des chiens en laisse et des joggeurs, cela impressionne.

Cependant l'accueil chaleureux des Portugais, leur simplicité et leur joie de vivre, même citadins, nous auront vite soutenus. Dès notre arrivée au centre-ville, au pied de la *Torre*, nous apprenons que c'est la journée internationale du Porto – ou plutôt du *Port wine*, comme on dit ici. Nous rentrons chez *All in Porto*, qui affiche l'évènement.

Un lieu conçu par d'anciens voyageurs... qui aiment aussi voyager à travers les mots et les vins. De loin le meilleur endroit où nous nous sommes arrêtés pour goûter des vins régionaux, et grâce à un personnel enthousiaste ! La maîtrise des langues par les Portugais est des plus impressionnantes : tout le monde parle ou français ou anglais ou les deux, et à tout âge ! Ici, Maria Tomé et Tiago nous présenteront donc, en français, et leur concept et une série incroyable de Porto de la maison *Nieupoort*

Le concept est inouï, tout en étant « tendance » : en un même lieu, on trouve la location de vélos électriques, celle d'appartements, des objets d'artisanat moderne de Porto, et un bar très bien décoré et achalandé. *All in Porto* est encore tout jeune quand nous faisons sa connaissance, mais il est le fruit de « l'intelligence collective »... comme on dit dans le business : auprès de Tiago, le passionné de vin, deux compères sont aux affaires – l'un, architecte, et l'autre, responsable des relations publiques ... Maria Tomé fait le lien et collabore à l'accueil.

Pour le Porto, nous sommes conquis par la dégustation avec Maria Tomé et Tiago. Une dégustation accompagnée de biscuits délicats, délicieux. A Porto, nous trouverons du... Porto et, également, tous les vins des rives du Douro. Le Porto que nous goûtons ici est très différent de celui que l'on peut goûter en France. Que de nuances de couleur et de saveur pour ce vin muté – c'est-à-dire additionné d'eau de vie en cours de fermentation ! Nous jetterons notre dévolu sur un *Porto white* de dix ans d'âge et sur un *Ruby*.

Au XVIIIe siècle, un Anglais ajouta un coup de gnole dans la barrique pour éviter que le vin portugais ne se transforme en piquette en arrivant outre-Manche. Au même moment, Louis XIV et Colbert taxaient tant les vins français qu'il favorisèrent l'essor des vins Européens, en particulier, ceux de Porto : tout s'explique !

Nous évoquons nos *Vents d'Anges* : Maria Tomé et Tiago seraient enchantés d'y participer, et nous proposent une rencontre autour d'un brunch pour le lendemain ... Nous échangerons aussi l'une de nos huiles d'olive d'Italie *Le Amantine* – la *Unico*, qui, soit dit en passant, aura remporté le prix de la meilleure huile au *Premio internazionale del vinio 2015* – contre celle proposée ici en boutique. Nous promettons de revenir juste après notre petite visite dans les vignes locales, le long du Douro.

Les rives du Douro nous séduisent et nous découvrirons les vignes du Haut Douro en train, passant au milieu des raisins poussant sur leurs escaliers de géants, en « montagne ». nous voilà invités impromptu à passer une journée au domaine de Dirk et Véréna Nieupoort. En gare de Pinhao, à plus de deux heures de Porto, les *azulejos* annoncent la couleur : nous verrons des vignes magnifiques, et boirons des vins étonnants ! Tout en partageant la tablée des vendangeurs et des propriétaires de la maison Nieupoort. La famille néerlandaise façonne des vins de Porto depuis le XVIIIe siècle, mais n'a acquis la *Quinta do Napoles* et ses vignes qu'en 1987, afin de se lancer aussi dans les vins « de table » - non mutés en Porto. Un petit dédale, mais tout finit sur un bon verre !

La boucle est quasi bouclée : du raisin à la dégustation, nous aurons découvert Porto et ses environs avec délectation. *All in Porto* fut ici notre sésame, et toute l'équipe nous a porté chance, *obrigado* ! Avec une superbe assiette de *chorizo* et de fromages provenant des pâturages des hauts plateaux du massif d'Estrela, nous aurons droit à découvrir tout ce qui s'accorde au mieux avec nos mets.

Le domaine Musset-Roullier est mis à l'honneur avec d'une part, un vin rouge, *Petit Clos*, de l'appellation *Anjou Village*. Typique du cépage cabernet franc, il arbore un grenat profond, très chaleureux, ainsi qu'un nez de fruits noirs, et végétal, marqué par une pointe de réglisse. En bouche, le vin se montre frais et franc. Mais ses tanins ont aussi commencé à s'assouplir, sur ce tour d'Atlantique. D'autre part, nous proposons la cuvée liquoreuse *Raisins confits*. Chenin vieil or, avec son nez de raisins de Corinthe, de miel et de fruits exotiques. En bouche coing et sureau se découvrent, comme en gelée. Epaisseur équilibrée, finale acidulée. A priori l'Anjou Villages doit bien s'accorder avec de la charcuterie. Le vin blanc liquoreux dialoguera avec les fromages.

La dégustation est double : gustative et comparative de terroir. On prend des risques ! En savourant une belle assiette de chorizos, jambons crus et fromages à base de lait provenant des pâturages des hauts plateaux du massif d'*Estrela* et des vins du Douro, pour une approche des vins de la vallée du fleuve, répondant ici à nos vins de Loire.

Le risque est-il devenu chance ? Oui ! *Sim* ! en portugais : fruité, franchise et fraîcheur animent la déclinaison de charcuteries. Point trop épicé, le *chorizo* local trouvera du répondant avec l'Anjou rouge. Les *Raisins confits* apporteront quant à eux leur note de douceur, tout en sachant rester alertes face aux fromages.
C'est une échappée des vins généreux en alcool de la vallée du Douro pour l'équipe locale, associée à un bon bain dans la vallée de la Loire. Le rouge déroute, le blanc moelleux conquiert ! et nous nous plaisons à faire plus ample

connaissance, en cet échange entre vallées, et à y apprécier aussi une cuisine plus élaborée.

Mieux que les jumelages, les jumelages de vignobles !

Gemmes Cyril au Portugal

Il est bon de lire entre les lignes, cela fatigue moins les yeux. – Sacha Guitry.

Nous essaierons aussi de lire entre les vignes du Portugal !

Nous explorons un pays qui a le vent en poupe, et, en étirant le temps, nous en faisons notre complice pour imprimer, à travers notre filtre, ce qui fait le Portugal d'aujourd'hui. Rien d'étonnant, après tout ! Avec le Marquis de Pombal, les Portugais furent les premiers à inventer l'A.O.C., celle des vins de Porto au XVIIIe siècle.

J'aurais tendance à croire qu'un pays qui soigne ses vignes aime aussi les hommes.

Au fil de l'eau, de Porto à l'Algarve, nous ferons cinq haltes.

Marina de Leixos : où j'ai revécu, après la terrible traversée entre les Açores et le continent.

Baie de Cascais : ancrage qui nous aura permis de connaître Lisbonne et ses environs. Portinho, le long du parc d'Arràbida : vert et vent nous secouent toute la nuit.

Île de Culatra, lagune de Faro : où la marée nous permet de tenter *paddle* et pêche à pied, et de gagner un énorme seau de coques !

Canal de Tavira : pour vivre fébrilement la pleine lune et son éclipse. En pleine marée, cela bouscule, et cinq voiliers auront glissé durant la nuit.

Un mois à vivre au long du plus atlantique des pays européens. Il y a plus de six cents ans que le Portugal a inventé la globalisation, la conquête des terres inconnues, le commerce des épices et des

métaux précieux … Le roi Henri le Navigateur, Vasco de Gama, la tour de Belém sont autant de signes de son appétence pour l'océan. Bizarrement, nous n'avons pas repéré de grands navigateurs contemporains : aurions-nous manqué quelque chose ?

Au sein du monastère *Dos Jerónimos*, déjà, les Portugais sculptaient les visages du monde, et n'ont jamais eu peur d'aller vers l'étranger pour y travailler, avant de revenir au pays. C'est un peu le lot d'un pays *périphérique* comme on dit en géographie, avec ses dix millions d'habitants, et une vaste diaspora dans le monde. Les Portugais ont un patriotisme sans borne, et l'humilité de ceux qui ont été dominés respectivement par les Maures, l'Espagne, l'Angleterre et, aussi, la France de Napoléon. Qui ont été brimés, aussi : du Tremblement de terre de 1755 à la dictature de Salazar.

Ils ont aussi la conviction que le cœur du monde bat chez eux : chaque *Bom Dia* (« bonjour ») est empli d'attention sans tension !

Au point que, désormais, les autres Européens raffolent du Portugal. Magnanimes, les Portugais accueillent les retraités et le tourisme de masse. Les quartiers de la Ribeira du vieux Porto ou de l'Alfama de Lisbonne, autrefois désuets, sont devenus *top vintage* avec leur trottoirs trop glissants et leurs *azulejos* toujours réinventés : le barbier, la mercerie et les boutiques concepts fleurissent. Au côté des églises baroques, des châteaux romantiques comme à Sintra, nous éblouissent. Pour nous, l'attrait de ce pays tient à bien des points singuliers : les Portugais exhibent leur drapeau sans être taxés de « fascistes », ont un grand sens de l'accueil et des langues… sans jamais être mièvres. Ferveur religieuse, et sens de l'incisif !

J'ai aussi découvert deux auteurs portugais intrigants : José Saramago et *L'Evangile selon Jésus-Christ*, Joan Rodriguez dos Santos avec sa *Formule de Dieu* , qui bousculent les poncifs !

Finalement, que retiendront nos cœurs ?

La *saudade* : ce mélange de douce tristesse et de désir de revoir des gens ou des terres que l'on aime, ce mélange pour marin au long cours... Des femmes élégantes et solides comme des rocs, des hommes charmants et courageux.

L'impression est-elle donc prometteuse pour notre retour en Europe ? Alors qu'on entend qu'elle tremble, que les jours parfois ressemblent à des nuits… Certes, nous évoluons en toute liberté et incertitude, et, souvent, nous constatons que les surprises de la vie restent favorables. Il n'empêche que nous essuyons des difficultés : aléas de la météo, quarts pénibles, ciels fâchés, soubresauts familiaux, interrogations sur notre avenir, entretien perpétuel du bateau… Difficultés que nous avons bien cherchées !

Un regard aussi sur notre sillage : nous avons souvent fini par traverser les difficultés rencontrées dans notre passé, et à chaque fois, nous nous sommes sentis un peu plus forts… Alors, pour le moment, continuons !

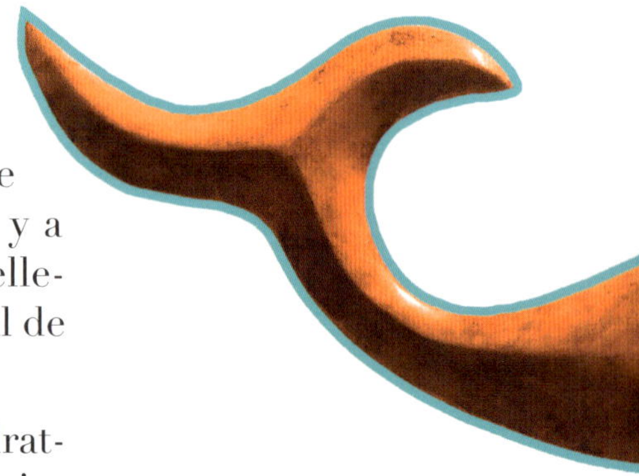

Quand nous arrivons près de Lisbonne, nous recevons ce conseil de notre partenaire vigneron Sophie Guyollot : « S'il y a une adresse où vous devez vous rendre à Cascais, c'est bien celle-ci : le restaurant de l'hôtel *Oitavos*. Son chef, installé au Portugal de longue date, est français ! »

Nous avons rencontré Sophie lorsque son domaine Landrat-Guyollot recevait la Saint-Vincent à Pouilly-sur-Loire en février 2014.

Sophie, fille chic et chic fille !

Convaincue que Cyril est son ami, je n'hésite pas à me présenter à l'hôtel cinq étoiles… pile à l'heure du coup de feu. J'ai mal évalué mon trajet en bus, et me voilà bien farfelue d'arriver dans un lieu aussi spacieux, métallique et lumineux. *Oitavos* signifient « Points cardinaux ». Je n'en aurais pas besoin pour m'orienter dans cet hôtel de luxe, où la transparence est de mise ! Je découvre une vaste cuisine vitrée et Cyril, qui reçoit le plus court résumé possible de nos Vents d'Anges, et de ma venue provoquée par Sophie.

Avec sa belle stature, avec sa brigade, il me propose déjà de venir à la « table du chef », dimanche à seize heures. Un étonnant goûter s'annonce ! Mais entre les points cardinaux du levant et du couchant, aucun indice sur les liens avec Sophie. Olivier prépare les deux vins de Sophie, *Gemme de feu* et *Gemme océane*…

L'adéquation humaine va au-delà de toute espérance : Cyril est un homme franc, joyeux, entier; c'est aussi un cuisinier qui refuse l'artifice et le culte de l'image, ou les assiettes « puzzle émotionnel. » Pour lui, pas de raccourci, et tout un art se transmet en cuisine : entendre le beurre qui chante (Cyril est d'origine normande), maîtriser le feu, donner une âme aux plats, avoir le sens du geste et de l'outil avec sa panoplie de couteaux japonais et ses casseroles en cuivre. C'est un guerrier pacifique, un chef qui ne veut pas perdre son énergie à crier et qui, sans relâche, considère son équipe et goûte à tout !

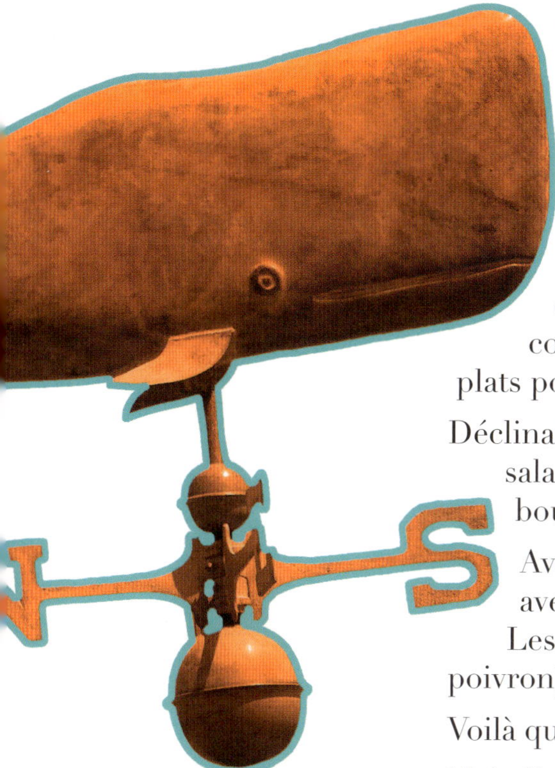

Il aime l'idée d'inverser l'ordre de l'accord entre les mets et les vins : imaginer ses plats à partir des vins de Sophie, au lieu que le sommelier choisisse le vin à partir du menu. Campé dans son magnifique territoire où chaque tiroir recèle des trésors – légumes, herbes, épices, coquillages, fleurs comestibles – Cyril inventera donc des plats pour l'occasion !

Déclinaison de tomates avec granité de basilic et glace au parmesan, salade de poulpe agrémentée de légumes multicolores et bouillon de praires, coriandre et citron.

Avec le second vin, il élaborera une morue demi-sel nacrée avec sa peau de fleur de courgette et un émincé d'olives vertes. Les petits farcis et la sauce *caldeirada* (réduction tomates, ail, poivron) nous excitent déjà !

Voilà qui élargit le spectre des vins ! Avec un petit vertige des sens.

Mais d'où Sophie nous a-t-elle envoyé une adresse aussi pertinente et une personne aussi attachante ? Je me rappelle que son mot préféré est « harmonie » : «… mot magique qui peut se décliner à l'infini, harmonie entre les personnes, harmonie entre nous, vignerons, et la nature, harmonie des odeurs et des saveurs. Un mot qui oriente notre travail tout au long de l'année… Chaque nouveau millésime est une quête de l'Harmonie. »

Cette harmonie, nous la ressentirons en cette grande cuisine, où la brigade nous reçoit si bien. Echange d'autant plus… harmonieux avec Cyril qu'il nous confiera que notre aventure lui donnait aussi du souffle, l'envie de songer au « rêve d'après », d'oser voler de ses propres ailes un jour…

Mais finalement ? Sophie n'a jamais rencontré Cyril : elle avait lu un bel article concernant son inventivité et sa personnalité dans un magazine, tout en, nous confia-t-elle, « espérant avoir un jour le temps d'aller déguster cette cuisine aussi créative que précise, et ces saveurs portugaises qui me ramèneraient à mes années d'étudiante, et à mes vingt ans au Portugal ! »

Points cardinaux, dans le mille, Cyril !

C'est pour les deux vins de Sophie que nous allons réaliser un accord incroyablement seyant et gourmand. Deux vins, deux « bijoux » de Loire : *Gemmes de feu* et *Gemmes Océane*. Avec le premier flacon, le cépage sauvignon blanc arbore des notes minérales – jusqu'à l'odeur du silex. Fruits exotiques, mandarine et pomelos, avec des nuances épicées, arrivent en bouche, avec une densité enveloppante, suivie d'une belle persistance. Second flacon : *Gemme océane* est issue d'un sauvignon blanc, d'un terroir de marne et de calcaire, tandis que *Gemme de feu* provient d'un sol de quartz et de silex… tout cela change inévitablement l'éclat des gemmes ! Par-delà sa très belle couleur aux reflets or vert, le nez exhale des fleurs blanches, la bouche parle d'agrumes et d'air salin. Ce produit très représentatif de sa région assure équilibre et longueur.

Avec *Gemmes de Feu*, des tomates un peu sucrées, de l'estragon, du basilic, de la glace au parmesan : trait d'union entre l'acidité du vin et celle des tomates. Cette entrée fait ressortir le côté minéral du vin. La douceur de la tomate s'associe à la rondeur du vin, qui a un peu évolué en mer. Sur un poulpe façon *ceviche* : l'association avec du radis dynamise l'ensemble, et avec le vin, la saveur du poulpe revient en final.

Avec *Gemmes Océanes* : des praires : le côté iodé, minéral, s'accorde parfaitement avec le vin, les saveurs sont rehaussées également par une touche de citron et de coriandre. Quel beau mariage de la mer ! Avec une morue « nacrée » se dessine un magnifique triptyque : goût, texture, structure, sont en symbiose. Ce plat et ce vin soulignent leur finesse et leur élégance respectives.

Nous avons apprécié, au plus haut point de nos papilles et de nos émotions, cette dégustation sur mesure. Et la comparaison entre plats et cuvées. Les charmes d'une sirène semblent proches, comme ceux de Cyril, que gemme !

Belle Braise à Xérès

Avec notre navinologie, nous avons toujours pu réussir les alliances entre mets et vins. Pour notre dernière rencontre de l'Atlantique, sur la Costa de la Luz, nous bouclons la boucle, avec le dernier vin de notre cave embarquée.

Notre désir constant d'ouverture nous aura fait dépasser doutes et méfiances, en nous réservant toujours de l'inattendu, des quiproquos, de l'amusement et des sourires !

Nous sommes ancrés à Puerto Sherry, face à Cadix. Le capitaine est particulièrement enjoué par ce nom qui augure la découverte des vins de Xeres, les *sherry* – …tandis que j'entendais « chéri » !

Mais tout cela s'entrelace finalement. Nous nous préparons à un accord « chaud comme la braise » chez *Los rescoldos*, restaurant situé sur le chemin des amoureux, *Camino des enamorados*… *Cuando el fuego descubre el sabor* – quand le feu a découvert le goût.

Qui sera ici « la belle de Cadix » ? Référence obligée, je l'avoue… mais chacun y songe !

Voici ses appâts, mais en *Vents d'Anges*…

Une rencontre : Emilio est le chef de salle de *Los rescoldos*. Anglophone comme un espagnol, Emilio est le parfait interlocuteur pour nous accueillir. Mais… nous lui demandons si nous pouvons nous présenter dans l'*afternoon*, et Emilio insiste beaucoup pour nous indiquer que le restaurant ferme à 18 heures : l'*afternoon,* c'est *too late*… A l'heure espagnole tout est décalé ! Nous reviendrons avec notre précieux flacon le lendemain autour de 15 heures. Ce sera l'*afternoon* en version *mas o menos*, comme disent toujours les Espagnols !

Une histoire : Cadix et les *puertos* qui l'entourent furent fondés par les Phéniciens il y a plus de trois mille ans, comme porte naturelle entre la Méditerranée et l'Atlantique. Porte naturelle perdurée au cours de l'empire romain, de l'époque musulmane, et enfin, des royaumes d'Espagne. Au XIVe siècle, Cadix sera l'emplacement de la principale maison de négoce vers les Indes d'Amérique. Aujourd'hui, même en cuisine, elle ouvre encore les yeux sur terre et sur mer, *puerta* et *frontera* andalouse !

Une famille : la famille Ramirez, toute impliquée pour *Los Rescoldos*. Dans mon espagnol de vadrouilleuse, j'explique notre projet au chef Joaquin Ramirez. Un personnage flegmatique et réservé, à conquérir ! Un vieux de la vieille, comme un acteur farouche des films en noir et blanc, à qui on ne la raconte pas. Mais qui est très heureux qu'on ait dégoté son grill ! Sa famille est à ses côtés à la braise et aux fourneaux, liée, motivée. Le clan Ramirez impose le respect du travail bien fait, de la cuisine qui valorise produits et saisons. Il viendra tout au long du repas se délecter avec nous de l'ouverture des *Ormes de Pez*, *poco a poco*. Comme la viande, ce vin sera *al punto*, amplifié et révélé au long cours.

Une viande : l'un des seuls mots français que connait Joaquin est *limousine*… Nous sommes aussi ici au cœur de la région de dégustation de la queue de taureau. Emilio mature ses viandes : la *retinta* de la *provincia* de Cadiz, un cadeau des proches montagnes, et la *rubia galleca*, viande des vertes plaines du nord, plus intense en bouche. Alors que nous fêtons l'anniversaire de notre grand départ le quatre octobre pour *la vuelta del atlantico*, Emilio propose une cuisson *vuelta- vuelta* : un aller-retour riche en goût ! *Frio* et *caliente* se croiseront aussi en bouche.

Une tradition : l'équipe de *Los Rescoldos* nous offrira un dessert d'encouragement et un *Xeres Pédro Jimenez* pour parachever l'*afternoon.* Ensemble et c'est tout, au son du *flamenco* qui émane des cuisines. Non sans sens et contre sens, mais en se comprenant ! Ce bon repas a presque instillé en nous une envie de sieste : nous adoptons la longueur d'onde espagnole !

La belle c'est un peu de tout cela en même temps, une atmosphère intemporelle, où tout l'art de la cuisine défend les produits, les saisons, un service inoubliable et les vins avec cette fameuse réplique tout droit venue de *L'aile ou la cuisse* : « il est gouleyant, il a de la cuisse, il attaque sèchement, il manque pas de retour, vous pouvez servir » ! Opposés à la malbouffe des supermarchés, nous savourons rarement de la viande.

Joaquin, Joaquin Junior, Daniel, Isabelle, Emilio : à nouveau, tout un monde d'amateurs du bon goût et du partage ! De toute évidence, l'art des mets se conjugue ici aussi avec l'art d'aimer. Heureux qu'ils nous aient offert un moyen simple de *compartir una copa de vino* au fil d'une rencontre simple comme l'air, libre comme l'air.

Au restaurant *Los rescoldos*, à Puerto Sherry, au bord de la baie de Cadix, nous avons été accueillis par Joaquin Ramirez, sa famille et son équipe attentionnée. *Los rescoldos* est un restaurant spécialisé dans la viande

de bœuf, sélectionnée, maturée, cuisinée à la braise. Nous aurons l'occasion de déguster : la *retinta* de la *provincia* de Cadiz et la *rubia galleca*, viande des vertes plaines du nord.

Derrière son œil grenat avec des évolutions vers l'acajou, il a un parfum de bois de cèdre et de tabac blond. En bouche, nous savourons un vin d'une très belle densité, racé, authentique, respectueux du terroir.

Ce joli portrait est celui des *Ormes de Pez*, Saint-Estèphe, cru bourgeois exceptionnel, millésime 2006. Ce cru de Bordeaux, un peu évolué, avec ses notes torréfiées, devrait être le compagnon idéal pour les plats qui nous attendent.

Un accord qui dit « encore » ! Pour se mettre en bouche, nous apprécions un pressé de queue de taureau qui donnera le « la » avec ce vin ; vin qui se révèlera au fur et à mesure de la dégustation : avec les yeux pour une déclinaison de rouges tendres pour les viandes et de grenat pour le vin. Les maturations de la viande et celles du vin sont en parfaite harmonie. Des arômes tertiaires, sans excès, un côté « tabac », lui donnent un raffinement à la braise pour poursuivre sur la longueur des saveurs. Amplitude en bouche, fondu du gras, des tanins, soulignant le côté racé des viandes servies... Entre vin et animal, les sensations s'entrecroisent, les éléments font corps.

Nous apprécions amplement et longuement ce moment, nous nous imprégnons de la fusion des matières et des saveurs. Entre ce qui est prodigué là et les marques qui demeureront en nous, nous percevons que ce vin est sublimé par son évolution, et grâce au voyage certainement.

Nous en resterons là longtemps, sur cette volupté.

Vers la France

« Un hiver sans raclette c'est comme un hiver sans chaussettes. » : voilà la belle « réclame » que j'ai lue en descendant pour la première fois en France pour y refaire mes courses… Je me suis dit que trois mots avaient entièrement disparu de mon vocabulaire : hiver, raclette et chaussettes ! Et surtout, j'ai souri… Pour moi, c'est toujours ainsi, il faut des mots sur les sensations.

Alors, est-il raisonnable de chercher à calquer l'avenir sur le passé ? Pourtant, en franchissant Gibraltar de l'Atlantique à la Méditerranée, nous revenons sur nos traces. Fidèle à l'alliance des mots aux sensations, j'ai pensé à noter toutes les impressions ou petites phrases qui ont justement laissé des traces de ce voyage.

Par vent debout, le bateau s'arrête, quand le vent se lève, le bateau repart.

Nous repassons Gibraltar, cette fois de l'Atlantique à la Méditerranée : la météo nous sourit, nous la remercions. Et franchissons cet entre-deux-rives dans le calme, en prenant le temps de les admirer… La mer ouvre toujours nos horizons ; pourtant on songe aussi que la Méditerranée est une ligne de faille, qu'elle dévore ses enfants. Sur l'eau nous ne sommes pas hors du monde, mais nous prenons nos distances face à son agitation : l'univers est infini, la mer est grande, la terre est petite !

Ensuite au long de la côte espagnole, nous décidons de nos haltes – selon notre forme et les petites secousses du ciel. En entendant gronder l'orage, nous nous abritons dans une baie du *Cabo de Gato*. Peu importe qu'octobre ait démarré, il y a toujours le soleil, quelques irréductibles « pirates » beaucoup plus naturistes qu'armés !… et un joli château fort. Notre deuxième pause a eu lieu à *Peniscola*. Le château des Templiers est « incontournable »… mais le littoral bétonné, moins merveilleux.

Nous ne résistons pas à une arrivée à Barcelone par la mer. Barcelone qui nous aura réservé deux grandes surprises : un *Requiem* de Fauré dans la cathédrale qui nous rappelle que la vie est une aventure… dont on ne sortira pas vivant ! Raison de plus pour la croquer pleinement ! Quant à l'incontournable *Sagrada Familia* de Gaudi, elle nous est apparue comme la bio-dynamie de l'architecture, l'un des liens entre nous et le cosmos !

Mer calme, belle, agitée, merci à toi de nous avoir menés vers tant de richesses !

Il est temps de rejoindre le sud de la France… Evidemment, comme nous sommes en Méditerranée, le vent change beaucoup, teste nos nerfs et notre forme à lancer le *Gennaker* – l'une de nos voiles avant – de le ranger, de démarrer le moteur. Petit temps, grand foc, gros temps, petit foc : dans la voile, on a le sens de la moyenne ! Alors qu'un Bulletin Météo Spécial annonce un gros vent, nous sommes contrôlés par les douanes en mer pour la première fois du périple. Incorrigibles Français ! Nous devons freiner et stopper *W-ALTER*, accueillir l'annexe des douaniers *cow boys*, nous occuper de formalités. Et le vent monte toujours. On voudrait atteindre notre port d'attache avant minuit…

Notre réponse aux autorités : « *Nada*, rien, *queutch'* (en « chti »). Mais mais mais… nous avons du vin dans les cales, passagers d'un super projet altruiste ! Mais là, on n'a pas le temps de tout vous expliquer ! La meilleure façon de quitter le port de vue sera de fermer les yeux et de s'ouvrir au monde. Nous n'emportons avec nous que des expériences, qui laissent de grands souvenirs et de nouveaux amis.

La mer est une petite école de la vie où la joie est une exception, déployons-la ! Nous nous contenterons d'arriver à quatre heures du matin à la Grande Motte.

Nous avons rejoint Henri et Inès qui étaient déjà en France. L'aventure à bord, la liberté, l'incertitude ont engendré quelques dommages collatéraux. Nous continuons de grandir avec nos enfants. Tenter l'alternative, ce n'est pas facile dans un monde formel. Nous avons cependant appris à nous dépasser ensemble, et que cela était possible.

Nous entendons : « Alors, ça fait quoi de revenir à la vraie vie ? »… Mais nous sommes toujours en projets ! Et quoi de plus drôle que de croire que le voyage est la « fausse vie » ! Aimer, penser, lire, rencontrer, manger, s'étonner, pleurer, se disputer, avancer, s'adapter, rire, dormir, regarder, ressentir, se dépasser, respecter notre planète, être dans le flot de l'humain et non de « l'info » ou de la violence, serait-ce la fausse vie ?

Ici et maintenant, nous retrouvons la France tant aimée, celle dont nous avons emmené de beaux petits bouts pour aller aux rencontres. Et nous sommes tout ébaubis par les couleurs de l'arrière-saison, qui courent sur les vignes, sur les oliviers, sur les amandiers.

Nous retrouvons surtout des amis et des équipages de bateaux-copains sur la Riviera. Voilà ce qu'entend souvent Olivier : « T'as maigri, minci, rajeuni, toi ! ». Et moi, j'en prends pour mon grade de « seconde » sur le voilier ! Je me dis déjà que, soit je n'ai pas changé, soit je ne vais pas me plaindre de vieillir. Ce sera mon privilège : car il faut beaucoup d'amour et d'humour pour bien vieillir ! Et de jeunes moussaillons d'un jour, venus sur le bateau, me gratifient du titre honorifique de *Madame Tête en l'air* ! Leurs yeux brillent parce qu'ils voient en vrai un personnage de la série de petits livres *Monsieur Madame*. Et pour cela, nul besoin d'être *Madame Parfaite* !

Tête en l'air et bouts au vent, nous avons la rage de vivre !

Au gué d'une nouvelle vie tout ce qu'emporte le vin

Partir c'est venir, vivre plusieurs vies, égratigner ses habitudes.

Nous avons certainement changé sans le saisir exactement ; cependant, nous savions que le périple mènerait à la transformation…

A leur retour, nous lisons souvent un brin de nostalgie chez les voyageurs. Nous avons donc lancé le rêve d'après : notre manière de puiser la force d'avancer dans l'album de nos souvenirs. Assimiler ce dont nous avons été capables, ce que nous avons surmonté, se souvenir des éclats de rires comme des creux de la vague.

Nous sortons des eaux turquoise et des chaleurs tropicales. Nous avons savouré de longues périodes de contemplation et de sommeil : tout le temps passé à imaginer nos futurs possibles. Nous avons pris l'option de vivre un temps loin des vies stressées et stressantes, des sociétés blasées. Nous avons décidé de construire à nouveau. Aimer, nous dépasser, nous étonner : les trois points d'ancrage de tous nos périples !

Pour notre ultime boucle, et le retour aux quatre saisons, nous avons vécu la croisière en hiver au sud de la France. Une lente image pour congratuler nos compagnons. *W-ALTER* avant tout, un magnifique catamaran, résistant dans les tourmentes, avec un côté « marrant » (cata) dans les joies, et qui en connaît tellement sur nous, maintenant ! Nos bouteilles : le vin nous a amené vers d'indéfectibles amitiés, vers des silences qui parlaient beaucoup, vers des plaisirs intenses de découvertes. Parfois, on entend dire que le vin est un peu cher : alors là, on proteste : comparez-le avec une eau de parfum ou à l'encre d'une imprimante ! Et vous pouvez le partager facilement, n'est-ce pas ?

En Méditerranée, la beauté et les baies où nous sommes seuls, plus seuls au monde qu'aux Antilles, nous appellent. Les odeurs sont à moitié « en dormance » entre garrigues et mimosas, le ciel souvent très bleu nous motive ! Emerveillements en Camargue, dans les Calanques, pour Noël, au Vieux Port de Marseille, pour le réveillon à Porquerolles, la pêche aux oursins en presqu'ile de Giens, la visite des îles de Lérins. Nous rentrerons un soir de février 2016, à la Grande Motte, après plus d'un an et demi de vie à bord !

Au bout du conte, mélanésien : « Tout homme est tiraillé entre deux besoins, le besoin de la pirogue, c'est à dire du voyage et de l'arrachement à soi-même, et le besoin de l'arbre, c'est-à-dire le besoin de l'enracinement, de l'identité, et les hommes errent constamment entre les deux besoins en cédant tantôt à l'un, tantôt à l'autre ; jusqu'au jour où ils comprennent que c'est avec l'arbre que l'on fabrique la pirogue. »

Vous ne pourrez évoluer à moins d'essayer d'accomplir quelque chose au-delà de ce que vous avez déjà réalisé, nous enseigne R.W. Emerson. Nous ne nous imaginions pas faire les choses à moitié, nous repassons finalement par la case laboratoire avant d'impulser notre nouveau défi.

Comment nos vins avaient-il vécu ? Jolies bouteilles emplies d'une « soupe chimique vivante » comme le dit Matthieu Dubernet, le directeur du laboratoire œnologique qui nous a reçus à notre retour de voyage. Non loin de la superbe scène du théâtre d'Orange, nous sommes accueillis en un lieu très feutré, aseptisé. Mais aussi très chaleureux : l'équipe de chercheurs est curieuse de porter son regard, son nez et sa bouche sur les échantillons de la boucle Atlantique. Nous dialoguons avec quatre œnologues, et Bernard Duseigneur, notre vigneron partenaire de Châteauneuf-du-Pape.

Les échantillons de vins ont subi des tests à partir de plusieurs marqueurs considérant la présence de soufre, l'acidité, la concentration en gaz carbonique, la couleur, l'alcool, le sucre. Matthieu insiste sur le fait qu'il n'y a pas de vérité « de labo » toute faite, de standardisation ; mais l'investigation s'efforce de trouver pour, et dans, chaque vin l'équilibre entre invention de la nature et main de l'homme.

Point de phénomène surnaturel ! Filons encore la métaphore avec nous-mêmes : pour une part de la cargaison, le voyage fait beaucoup de bien, certains vins ont su garder possession de leur moyen d'expression en toutes circonstances, en développant évidemment leur caractère et leur élégance…

Mais d'autres voyageurs se montreront plus usés, déstructurés que d'autres ; ils auront pris un « coup sur la tête » - … il faut dire qu'il n'est pas facile d'être légèrement agités, à une température plus élevée que celle en usage pour la bonne conservation des vins. Ou les caractères originels des vins seront là, mais associés à une évolution prématurée, qui tire dans tous les sens. Ceux-là devront se reposer du voyage. Au contraire, les vins « certifiés Tour Du Monde », ceux qui font saliver pour une deuxième boucle, exhibent un profil de beau voyageur un peu costaud et toujours frais, structuré, toujours en fruit et en énergie… Des vins qui nous donnent une leçon de biochimie, et une sacrée leçon de vie : celle d'avoir tenu leur promesse, et suivi notre sillage.

…Aujourd'hui « *il est temps à nouveau de nous jeter à l'eau* » et d'expérimenter toutes nos histoires d'amour : avec le vin, avec les personnes, l'imagination, la curiosité. Tout un océan d'incertitude. Nous mobilisons notre énergie à tenter un nouveau possible : devenir vignerons en Bourgogne !

La vie ce n'est pas les molécules, mais les liens qui existent entre elles – Linus Pauling, prix Nobel de chimie en 1954 et prix Nobel de la paix en 1962.

Eponges des rêves
Couleurs de vin

Aux trois des rêves : à la vie, à la voile, au vin.

Notre périple en *Vents d'anges* incarne une allure. En navigation, l'allure désigne la direction d'où provient le vent et où imperceptiblement il nous porte. Quand la destination du voilier est choisie, l'allure est imposée par la direction que prendra le vent durant la navigation et quelquefois le *louvoyage*, ce zigzag modérément agréable, est nécessaire. Toutefois, si l'équipage du voilier dispose de temps, ou de choix, ou si le bateau n'a pas la capacité de tenir l'allure imposée par le vent, il est possible de choisir une route permettant de bénéficier des allures les plus favorables, au *portant*.

Sur ce voyage j'avais le cap et le choix de la destination. Et je désirais prendre soin de chacun de nous. Faire ce voyage avec mes enfants, pour ne pas les priver d'un vécu et de ressources; de découvertes à mes yeux importants : j'ai peu voyagé dans ma propre jeunesse, et j'en ai éprouvé un manque – même si cela a façonné et aiguisé la curiosité qui m'anime. Nos enfants n'auront plus jamais treize ans ; notre couple de parents et d'amoureux a aussi choisi cette odyssée comme une façon d'éprouver le verbe *aimer* comme un verbe d'action, au jour le jour, au fil de l'eau, persistant.

Notre projet portait ce vœu d'ouverture, d'interdépendance, de liens à tisser entre les cultures : selon un adage africain, « Je suis ce que je suis grâce à ce que nous sommes tous. » Nous souhaitions susciter des sourires, seulement partager un verre de bon vin… qui est déjà toujours plus qu'un verre de bon vin : toute une culture liquide qui se boit, se lit… se vit pleinement.

Faites tourner une mappemonde, et vous verrez l'immensité bleue qui attend les navigateurs de l'autre côté de la terre, et les Marquises, et la Polynésie, et la Nouvelle Zélande. Sans oublier toutes les escales idéalisées par le capitaine. Nous avions d'abord imaginé une circumnavigation – c'est-à-dire un tour du monde durant trois ans.

Mais si de grandes délices et des instants inoubliables auront illuminé notre traversée, il nous aura aussi fallu bifurquer vers un tour de l'Atlantique : Henri ne parvenait pas à franchir le cap du Canal de Panama, et nous confia préférer vraiment la vie de terriens… même si la terre, c'est d'abord, et aussi, la mer ! Je veux souligner ici la vaillance de notre équipage au grand complet : à travers nos dialogues ou nos frictions, nous avons compris qu'accomplir la boucle de ce petit océan était déjà immense.

La décision fut prise à Cuba. Crispation et télescopage des rêves et envies de chacun ! La grande liberté, le temps nu, les incertitudes du lendemain, de l'ancrage, des rencontres, ont peu à peu fragilisé la vie de famille avec ses deux adolescents. Pourtant si c'était à refaire, je n'hésiterais pas du tout et je suis certaine que tout ce que nous avons engrangé durant la traversée perdure, mute, et existe toujours en nous quatre. Que l'essentiel nous a permis de naviguer vers notre nature faillible et des émotions qui, plus que l'eau encore, nous submergent. Savoir que c'est notre vulnérabilité et notre personnalité qui font notre différence : revoilà bien le clown qui trébuche et qui rit !

Je garde aussi de ce voyage le goût des mots, des mets et d'aimer. Il a renforcé tous mes liens. Comme je viens de l'énoncer, mes liens avec chacun des membres de ma famille. Mes liens avec mes amis qui étaient toujours totalement avec moi en pensée, mes liens avec toutes les belles connaissances déroulées au long du parcours.

Côté mots, j'ai malaxé ma langue et celle des autres, j'ai beaucoup lu, et découvert que j'aime lire dehors car j'entre ainsi mieux dans les livres. Je tiens donc à remercier énormément tous les auteurs, romanciers, romancières, messagers, messagères, qui auront nourri mon périple. Comme j'ai le sentiment d'avoir « accompli de délicieux voyages embarqué sur un mot », pour citer Victor Hugo. Je suis revenue avec des notes, des idées et des souvenirs en malles pleines. Si bien qu'il est possible d'écrire une autre histoire, toujours dynamique, similaire et différente : avec ce que nous sommes, ce que la mer et le vin ont fait de nous.

J'espère aussi continuer de mettre ma vie en mots et encore plus en scène : le spectacle vivant, le théâtre, m'a manqué. J'en ai pris plein les mirettes ou les oreilles des tirades, des onomatopées, des moments comiques, des instants tragiques ! Dans cette flânerie initiatique sur les vagues, j'ai mieux repéré mes essentiels.

Qu'est-ce qui a filtré ? On se demande parfois à quel point un tel voyage peut nous changer. Ce qui est difficilement mesurable… Toutefois, paradoxalement, j'ai l'impression d'être revenue de notre odyssée à la fois plus sensible et plus empathique. J'ai aussi décidé de ne plus me laisser trop presser, de ne plus être coincée entre les enfants et leur père pour colmater les conflits éventuels, de ne plus éponger les attentes de nos parents, de ne plus être gonflée par les projections de ceux qui nous entourent. Comme les empreintes des pas sur le sable mouillé, laisser passer « quand on se promène au bord de l'eau »

Et le bonheur

Nous saoule pour pas cher

Chagrins et peines

De la semaine

Tout est noyé dans le bleu dans le vert

Un seul dimanche au bord de l'eau

Aux trémolos

Des p'tits oiseaux

Suffit pour que les jours semblent beaux

Quand on s'promène au bord de l'eau

Sur la croisière, j'ai souvent ressenti le plaisir d'être fantaisiste, farfelue, déculpabilisée… comme un grand exercice de liberté. Désormais, alors que j'écris durant notre transition en Bourgogne, je maintiens cette envie de façonner sereinement cette liberté. Dans *La peau de chagrin*, Balzac écrit : « Depuis la mollesse d'une éponge mouillée jusqu'à la dureté d'une pierre ponce, il y a des nuances infinies. Voilà l'homme. » Et la femme, maître Honoré ! Et l'éponge qui est en moi, de conclure en paradoxe : lorsque je m'accepte comme je suis, je peux changer.

Dans la houle ou les tempêtes, j'assure que j'ai d'abord pensé que je faisais un tout avec les éléments et surtout avec toutes ces gouttes d'eau qui peuvent avoir une énergie monstrueuse. J'ai aussi expérimenté, alors, que tout tient… dans le souffle : à l'inspiration, c'est la vie qui nous emplit et, à l'expiration, ressort ce qui nous

empêche, ou retient. Je souligne ici combien j'ai regardé la lune et les mystères de la nuit durant les quarts, et même durant nos mouillages. La Lune m'est devenue fidèle compagne, sous toutes ses phases, et pour son réconfort. *De deux choses Lune, l'autre c'est le soleil*, nous dit une *Parole* de Prévert. Ainsi apaisée, j'ai commencé à apprendre à tempérer mon impatience. Sentir la vie comme un fluide, fluide… C'est souvent ce qui se produit aussi lors des dégustations de vin, véritable ode au moment présent.

Et à chaque instant, enivrons-vous !

A terre, nous entamons une année de transition et il nous arrive encore d'être malmenés entre de nouvelles escales : entrer en formation, trouver des vignes en bio, financer nos plans et un lieu où établir notre domaine viticole. Les nouveaux départs sont souvent déguisés en fin difficile.

… *De vin, de poésie, ou de vertu à votre guise, mais enivrez-vous !* – Baudelaire

Du voyage, de la mer et du vin, nous garderons le vin, et tous ses possibles voyages ! C'est sur la traversée, au retour, entre les Bahamas et les Açores, que nous avons choisi ce prolongement, comme une évidence… Olivier en avait toujours rêvé, et nous avions pensé ce voyage comme celui de la transformation. Notre nouvelle trajectoire était à peu près tracée : travailler, rester humble devant les éléments naturels, avoir à cœur de récolter ce fruit de la vigne, dont nous avons tant vanté les mérites au long de notre navigation. Nous avons la vision, le carnet de bord se remplit aisément !

A notre mesure, nous avons eu le temps de constater que le plus gros risque est de ne pas en prendre. Sans vigne, sans héritage, sans matériel, nous deviendrons vignerons ! Nous avons quitté *W-ALTER* et son polyester pour les lianes *vitis vinifera* avec des nouveaux plans tout en rhizomes, et notre envie ardente de déguster un jour le vin de nos vignes

Avec passion et courage, nous mettons le cap sur les ceps de Bourgogne Côte Chalonnaise. Notre ancrage correspond à notre terroir de prédilection pour la déclinaison prodigieuse de ses cépages, pinot noir et chardonnay.

Sur *W-ALTER*, nous avons vécu nos premières *Vents d'Anges* et éprouvé souvent la justesse de l'adage *In vino veritas*. Nous avons voulu aller plus loin, par la création. Mais que nous a appris la mer, pour la vigne ? A avoir des gestes précis, des outils soignés, à suivre le sillage du sillon, le chemin de la vie et de la nature, avec ses surprises, ses prodigalités, les accidents du temps ! Le vin et la mer demeurant aussi, tous deux, des mystères.

A nouveau nous embrassons un projet étape par étape, tout en repartant de presque zéro ! Comme tous ceux que nous avons côtoyés sur les flots, nous avons plissé le temps pour mieux nous connaître. Cher passé, merci pour tes leçons ; cher futur, nous sommes prêts ! Eternel recommencement ; mais « *la vie (le vin) ne vaut d'être vécue sans amour…* »

Il n'est pas si facile de tout envoyer valdinguer : nous devons repasser par la case « école » et chez le banquier pour obtenir les fonds nécessaires à notre domaine… Les enfants, rassurés qu'on possède déjà un nouveau projet, nous auront seulement demandé à ne jamais être conduits au lycée en tracteur ! Pour moi, une place était encore à écrire… Le vin est à la fois un plaisir, une culture, une tendresse, et me passionne. Il permet de s'élever et garde racines, se fait l'écho d'un terroir, d'un paysage, d'une certaine énergie. Spirituel et inattendu qui me titillent ! Revenir en France en 2016, quelque part dans un petit chaos, pour se sentir vivant et humain, pour partager du vin… La communication et le commerce d'un futur domaine pourraient m'exciter !

Avec le vin se déroule l'éloge de la diversité, de la différence enrichissante, de la terre au ciel, de l'humain ! La vigne ne se pense pas selon la courte durée, ni en facilité. Elle nous enjoint d'accompagner l'harmonie entre l'héritage des terroirs et la transmission d'un produit. Depuis les moines de Cluny et Cîteaux, en passant par les Ducs de Bourgogne, je me réjouis souvent d'imaginer les futures dégustations de nos millésimes…

Nous assemblons notre nouveau puzzle du nord à la Bourgogne en passant par la mer ! Olivier trouve du travail au domaine de la Monette à Mercurey, et, au fil des rencontres, fait la connaissance d'un viticulteur en Côte chalonnaise, vigneron dans un village voisin. Pendant près d'un an,je remplis une mission fantastique en oenotourisme…

Nous nous appuyons sur notre parcours original et vivant pour tracer une voie qui nous est personnelle : accompagner la vigne en agriculture biologique, choisissant imperturbablement de tendre vers le beau, le bien et le bon !

En 2017, c'est la nouvelle vague : notre cédant nous confie ses parcelles. Ce passeur compte parmi les précurseurs de la viticulture « bio » en Bourgogne. Souvenons-nous qu' « il n'y a pas de hasard et que des rendez-vous ». En plus des 6,5 hectares, il nous transmet son savoir-faire, sa persévérance et son discernement dans la viticulture « bio ». Nous parvenons aussi à ajouter un peu plus d'un hectare pour constituer un domaine présent dans des appellations régionales (Crémant de Bourgogne, Bourgogne Aligoté, Bourgogne Côte-chalonnaise) mais aussi des appellations villages (Givry et Mercurey).

Au fil des saisons et des cuvées, notre domaine déploie ses ailes sous le joli nom du lieu-dit où nous avons installé notre chai, nos caves d'élevage, et même un gîte. C'est La Luolle, la possibilité d'une île, la nôtre et celle de tous les amateurs de nos vins. Décidément, produire des vins nous permet de prolonger le voyage et les rencontres, à vie.

Le voyage en vin est une quête perpétuelle, inachevée, toujours perfectible. Nous tentons de maintenir toujours notre vent de liberté et une grande ouverture d'esprit. Nous créons des vins expressifs et appétents, et chaque millésime est une nouvelle entreprise ! Nous avons donc décidé d'expérimenter aussi la bio-dynamie. Du temps de notre prédécesseur, les vignes étaient déjà en très bonne santé, très vivantes, mais désormais, nous constatons que la bio-dynamie a des effets positifs, surtout en cas de sécheresse.

« Le cœur a ses raisons que la raison ignore »– affirmait Pascal. Il en va de même pour le raisin : il peut naturellement être envisagé selon un angle raisonnable et rationnel ; mais cet angle enfermera ses baies dans un cadre, des normes, une seule manière d'être. Alors que ce fruit peut capter tant et tant d'énergie, d'immunité et d'aménité, si l'on ose expérimenter la bio-dynamie !

L'énergie est dans la matière, mais la matière est aussi dans l'énergie. Pour nous, pratiquer la bio-dynamie sera une manière de faire perdurer le « sentiment océanique », cette impression d'être en unité avec l'univers ou le *kosmos*, avec « ce qui est plus grand que soi. » Comme nous l'avons vécu sur l'océan, il s'agit encore d'effleurer par nos actes, par nos gestes, par nos observations, l'infiniment petit et l'infiniment grand. Pour qu'ensuite cet effleurement se ressente à travers nos vins.

Nous voulons respecter notre engagement, notre responsabilité : celle de créer, avec la nature, des vins qui parlent. Nous essayons donc d'être ouverts à la lumière et à ses cycles en respectant au mieux la lune et le soleil pour nos travaux à la vigne, tels que ceux qui sont liés à la taille. Nous cultivons « en vert et contre tout »… l'équilibre et l'émerveillement. La bio-dynamie nous incite à faire la paix en nous-mêmes, et avec ce qui nous entoure, de la terre au ciel, en passant par nos caves. Une paix organique, qui, souvent, permet de dépasser la rudesse, parfois grande, du monde de la vigne et des vignerons.

« J'aime les gens qui doutent, j'aime leur petite chanson. Même s'ils passent pour des cons. » – fredonnait Anne Sylvestre. N'omettons pas, encore, que la bio-dynamie est pour le vigneron et la vigneronne que nous sommes, un espace de jeux et de rencontres. La vigne et nous sommes confrontés, souvent, à des difficultés amères : sécheresses, maladies, gel, grêle... Heureusement, nous, vignerons, sommes reliés à des amis qui cherchent, à des vignerons qui essayent, à des dégustateurs qui se délectent. Et il est parfois bon que la raison s'efface dans la délectation, que le vigneron et l'amateur « éclairé » continuent le chemin et forment un nouveau sillage. Notre césure en voilier, telle une interruption, aura nourri notre détermination et notre engagement.

Interruptions et audaces nous enrichissent Selon Paul Valéry : « Tout commence par une interruption. » Arrêt, suspension, et points de... Chaque accord découvert au fil des *Vents d'anges*, chaque souvenir qu'il laisse, rend pleinement manifeste ceci : nous sommes ce que nous mangeons, ce que nous buvons, ce que nous créons. Aborder la bio-dynamie et l'éprouver avec nos vignes, c'était oser dire « oui » à un engagement plus grand encore pour nos vins, et en eux ... Forts des intentions qui mènent les raisins et leurs fruits vers les étoiles.

Poésie ? Poésie pragmatique ! Car la bio-dynamie se donne avant tout comme une recherche constante d'harmonie, dans la nature. Notre vigne repose sur un sol vivant que nous aidons à respirer au mieux ; nous effectuons les travaux de désherbage, de buttage, de décavaillonnage et de griffage avec du matériel léger – et le plus de bon sens possible.

De même, nous veillons sur les haies et sur les arbres qui vivent autour des vignes, et qui permettent d'avoir davantage d'auxiliaires de culture. Enfin, comme en quart de nuit sur un voilier, ou au bord des littoraux à marée, nous consultons le calendrier lunaire.

En équipe, nous voulons magnifier nos vins : cela se fait aussi en observant nos plantes pour comprendre leurs besoins, le mouvement qui leur fera du bien, vers les racines ou vers le ciel. Avec la bio-dynamie, il y a un brin de mystère et de controverse. Mais quel saisissement, quand nous prenons soin de nos vignes à l'aube, ou au crépuscule du soir, en diffusant avec notre bouille à dos, nos préparats en léger brouillard... Au lieu de dégrader les sols et de rendre la plante dépendante à la chimie de synthèse, nous pensons que la préparation « 500 » renforcera la terre et son système racinaire, socle vivant de nos vignes, et que la « 501 » permettra à la plante de connaître un sain développement végétatif. Peut-être, tout simplement, ces attentions renforcées en vigne et à leur environnement seront, à elles seules, la source de meilleures vibrations et de la vigueur de nos ceps et de leurs fruits… Si cela ne fait pas de mal, cela engendrera à nos yeux le plus grand bien ! Avec pragmatisme et curiosité, nous pratiquons une science expérimentale, croisant la connaissance et nos perceptions du vivant.

A Barcelone, j'ai défini Gaudi comme un artiste biodynamique. Avec son langage architectural unique, si personnel, Gaudi créa un monde ouvert à maintes perspectives. Inspiré par la nature, il ne la copia pas, mais choisit de suivre son cours à travers une véritable coopération. Nous avions été éblouis au sein de la *Sagrada Familia*, pleinement sensibles aux rythmes, formes, forces, gestes de la création. C'est avec cette impulsion que nous formulons le vœu que nos vins de *La Luolle* puissent parler : que la couleur, la texture, les émotions nous relient ! … Viendrez-vous prendre un rêve et un verre avec nous ?

Je fais du vin et de la culture de la vigne, ma nouvelle manière de réfléchir avec le corps. Notre mental vagabonde dans le temps, crée et accumule les souvenirs gustatifs, olfactifs ; toutefois, à chaque fois que l'on revient au corps, aux sens, au toucher, on revient au présent. Découvrons un vin, une histoire, un paysage, en amateur ou en curieux, toujours disponibles …

Alors, cher lecteur, je soumets volontiers l'idée de clore ce premier *opus* avec à portée de main, un verre, un tire-bouchon et une bouteille… et des bons amis avec qui partager !

J'ai beaucoup rêvé sur *W-ALTER*. Et il semble que l'endroit ou la maison où l'on vit bien, ce sont ceux où l'on rêve !

J'ai aussi beaucoup vécu, et ce n'est qu'un début. Il était, il sera, plusieurs fois.

Merci la mer, merci la vie.

Imprimé pour le compte des Éditions Tonnerre de l'Est

par Est Imprim (Autechaux, France) – Mai 2021

Edition et conception : Thierry Weber
Composition, graphisme, illustrations : Bertrand Mac Gaw

Photos originales : S. Dovergne

I.S.B.N. : 978-2-491737-10-8
E.A.N. : 9782491737108

Première édition numérotée et limitée à 1000 exemplaires

Dépôt légal : deuxième trimestre 2021